Espiritualidade
e saúde

Espiritualidade e saúde

Evilázio Francisco Borges Teixeira
Marisa Campio Müller
(Organizadores)

1ª Edição	*2012*
Diretor Geral	*Ingo Bernd Güntert*
Publisher	*Marcio Coelho*
Coordenadora Editorial	*Luciana Vaz Cameira*
Revisão	*Tássia Fernanda Alvarenga de Carvalho*
Diagramação	*Carla Vogel*
Capa	*Casa de Ideias*

Dados Internacionais de Catalogação na Publicação (CIP)
Angélica Ilacqua CRB-8/7057

Espiritualidade e saúde / Organizado por Evilázio Francisco Borges Teixeira, Marisa Campio Müller. - São Paulo : Casa do Psicólogo, 2012.

Vários autores
ISBN 978-85-8040-133-2

1. Espiritualidade 2. Saúde 3. Cura 4. Psicologia I. Teixeira, Evilázio Francisco II. Müller, Marisa Campio

12-0370 CDD 204.4

Índices para catálogo sistemático:
1. Espiritualidade – saúde

Impresso no Brasil
Printed in Brazil

As opiniões expressas neste livro, bem como seu conteúdo, são de responsabilidade de seus autores, não necessariamente correspondendo ao ponto de vista da editora.

Casapsi Livraria e Editora Ltda.
Rua Simão Álvares, 1020
Pinheiros • CEP 05417-020
São Paulo/SP - Brasil
Tel. Fax: (11) 3034-3600
www.casadopsicologo.com.br

Sumário

Agradecimento

Nosso agradecimento muito especial à Prof. Dra. Margareth Oliveira, pelo apoio e carinho, que deram sustentação para que esta obra acontecesse à Psicóloga Tatiana Helena José Facchin, pelo acompanhamento e grande auxílio em vários momentos na organização deste livro.

Introdução

Este livro se propõe a tratar do tema espiritualidade e saúde de forma transdisciplinar, e, para tal, conta com a colaboração de autores de diferentes áreas (filósofo, psicólogos, físico, educadora, arteterapeuta), os quais se dispõem a contribuir por meio de reflexões e da experiência prática. A espiritualidade é entendida como condição inerente ao ser humano, algo encarnado no contexto real do cotidiano, ou seja, a busca pessoal pelo sentido da existência. Ela leva a interrogações e a questionamentos sobre os valores reais da vida, auxiliando o ser humano a tomar consciência de si, da sua própria existência, e também a ter contato com uma realidade maior do que ele. Essa caminhada, entretanto, só se constrói plenamente, nas palavras de Giovanetti (2005), com base numa dimensão psicológica sadia. Logo, necessita ser compreendida e tratada de forma madura e eticamente correta. É a partir desse olhar e desse entendimento de espiritualidade que o presente livro foi organizado. Assim, acompanhamos da seguinte maneira:

O capítulo 1 trata da objetivação do mundo pela técnica, de tal modo, segundo o autor, que o próprio homem é condicionado sob seu domínio, e o que se vê é a agonia desse sujeito tornado refém de tal realidade, a qual determinará um viver caracterizado como desumanizante e alienante. O autor defende que talvez recuperar as energias espirituais seja a forma de compreender essa situação e suportá-la.

No capítulo 2, é relatada a aproximação da psicologia com a espiritualidade, por meio do enfoque da psicologia positiva, bem como são apresentadas pesquisas atuais sobre o tema. A partir de autores como Carl Gustav Jung e Victor Frankl, é proposta a aplicação de questionamentos sobre espiritualidade na atuação clínica, de forma prática.

No capítulo 3, os conteúdos da espiritualidade e da psicocardiologia são discutidos a partir da ótica da psicologia da saúde, a qual investiga e trata os fatores de riscos psicológicos que favorecem o surgimento e o desenvolvimento da enfermidade cardiovascular. São, também, apresentadas várias pesquisas realizadas no campo de intersecção psicologia-cardiologia.

No capítulo 4, o autor discorre sobre estudos internacionais que contemplam o tema espiritualidade e psicoterapia; refere ser necessário o reconhecimento por parte dos profissionais de que a espiritualidade é um componente importante da personalidade e da saúde, mas requer profissionalismo ético, alta qualidade de conhecimento e habilidade para alinhar as informações coletadas sobre crenças e valores à eficácia terapêutica.

O capítulo 5 apresenta as metanálises sobre espiritualidade e saúde, pela visão da física, nos processos de cura. O autor aborda as pesquisas recentes sobre espiritualidade e os índices positivos de saúde. Discorre também sobre prece intercessória e resultados obtidos. Além disso, sugere que um novo modelo metodológico seja aplicado nas pesquisas, em função de esse campo transcender a configuração científica atual.

O capítulo 6 traz o olhar de uma educadora, que discorre inicialmente sobre o significado de espiritualidade e o modo como esse se apresenta no viver diário de um ser humano comum. A partir desse contexto, explora ricamente em que consiste o viver, de uma forma sensível e numa visão multitransdisciplinar.

No capítulo 7, é abordada a relação entre os quatro elementos da matéria (terra, água, fogo, ar) e as quatro funções básicas da consciência. É, também, relatada a experiência de intervenção, por meio da técnica de arteterapia, realizada com mulheres usuárias do CAPS, as quais apresentavam sofrimento psíquico. Para compreender o significado dos encontros, foi realizada uma leitura simbólica das imagens produzidas.

Esperamos que a leitura dos capítulos leve o leitor a compreender melhor a amplitude do conceito de espiritualidade, que se apresenta tanto de forma teórica quanto prática, bem como sua aplicação na área da saúde. A Organização Mundial da Saúde (OMS) define a saúde como estado de completo bem-estar físico, mental e social; além disso, mais recentemente, discute a inclusão da dimensão espiritual. A saúde passa, então, a ser entendida não como ausência de doença, mas como um processo vivenciado pela pessoa nos âmbitos físico, emocional, social e espiritual.

Dessa forma, ressalta-se a importância do trabalho transdisciplinar na atenção à dimensão saúde/espiritualidade, já que uma única área do conhecimento não é completamente suficiente para abarcar tal complexidade.

Evilázio Teixeira

Espiritualidade e técnica: as coisas que estão por detrás das coisas

Evilázio Francisco Borges Teixeira

O homem não deve contentar-se com um Deus pensado. Porque, quando a razão o abandona, abandona-o também Deus.
Mestre Eckhart

Em todo ser humano, existe um pedaço de solidão que nenhuma intimidade humana consegue preencher – é ali que Deus nos encontra.
Roger Schutz

Introdução

O tema da espiritualidade, embora amplamente falado, tem sido, ainda, pouco estudado. Com frequência, o assunto evoca preconceitos e mal-entendidos, de modo especial entre os profissionais da área da saúde. Há uma tendência, por exemplo, entre os psicanalistas e os psicólogos, de conceber a pessoa humana dentro da sua trama psíquica, possuidores de afetos ônticos, carregados de emoções. Existe, porém, outra faceta dos afetos, aquela de se estar afetado ontologicamente pela vida. Essa dimensão acontece como um preço pela existência. Trata-se muito mais de um posicionamento frente ao existir que propriamente de um estado emocional. A partir da condição ontológica da vida, podemos falar de espiritualidade. Existem, portanto, afetos ônticos que dizem respeito aos acontecimentos, e afetos abertos para o ontológico. Segundo Gilberto Safra, há uma serenidade e uma alegria enraizadas no ontológico, as quais lá estão mesmo que a pessoa esteja triste ou ansiosa. O ontológico remonta à questão originária do ser humano e de seu modo pessoal de conceber o sentido último (Safra, 2006, p. 129). A dimensão ôntica mostra ao homem o pequeno mundo de seu cotidiano, carregado de limitações; enraizada dentro de uma cultura, de uma língua e de uma classe, sua estatura ontológica, porém, lhe revela a sua abertura ao mundo, à realidade infinita da vida, em diálogo, e à comunhão com todas as coisas, reforçando nos seres humanos a importância do sagrado e do espiritual na construção do humano. A entrada no ontológico, no entanto, não pode ser prematura, pois pode levar à dispersão da pessoa. Há pessoas que ainda cedo conseguem estabelecer um lugar adequado de crescimento de sua dimensão ontológica, o que lhes possibilita viver com serenidade e, desse modo, "viver com espírito", ou seja, com espiritualidade. Se de um lado os afetos ônticos devem ser percebidos, de outro, os afetos ontológicos são sempre reveladores.

O presente artigo propõe uma reflexão sobre técnica e espiritualidade. Comumente, diz-se que vivemos na idade da técnica, e a essa geração, não raro, denominamos de geração tecnológica. A condição moderna do sujeito considerava a história como a história do progresso, isto é, da progressiva objetivação do mundo. O escopo do sujeito moderno era tornar tudo objeto, e, portanto, tudo controlado. Tudo, nesse contexto, significa qualquer realidade, seja ela material, espiritual ou psíquica.

Sobre esse argumento, a obra do pensador Umberto Galimberti, *Psique e techné, o homem na idade da técnica*, é bastante elucidativa. Para esse filósofo italiano, vivemos na idade da técnica, cujos benefícios usufruímos em termos de bens e espaços de liberdade. Somos mais livres do que homens primitivos porque dispomos de mais campos de atuação. A facilidade com que utilizamos os instrumentos e os serviços que encurtam o espaço e o tempo ameniza a dor. A influência da técnica, não obstante, influenciará diretamente o modo de conceber os grandes conceitos que forjaram o processo civilizatório da cultura ocidental, levando a uma revisão dos cenários históricos, incluindo-se conceitos como razão, verdade, ética, natureza, religião e história (Galimberti, 2006, p. 13-15). No que se refere à razão, não é mais a ordem mutável do cosmo que se refletia na mitologia, depois na filosofia e por fim na ciência, criando as respectivas "cosmoslogias", mas se torna procedimento instrumental que garante o cálculo mais econômico entre os meios à disposição e os objetivos que se pretendem alcançar. Referente à verdade, não é mais a conformidade com a ordem do cosmo ou com Deus; se a ordem do mundo não está mais no seu ser, mas depende do "fazer técnico", a eficácia se torna explicitamente o único critério de verdade. A técnica pensa as próprias hipóteses como superáveis "em princípio", e, por isso, não se extingue quando o seu núcleo teórico se revela ineficaz; não tendo ligado a sua verdade a esse núcleo, pode mudar e corrigir-se sem se desacreditar. Seus erros não a destroem, mas se convertem imediatamente em ocasiões de autocorreção.

Naquilo que diz respeito à ética, como forma de agir em vista de fins, sente a sua impotência no mundo da técnica, regulada pelo fazer como pura produção de resultados. Isso significa que não é mais a ética que escolhe os fins e encarrega a técnica de encontrar os meios, mas é ela que, assumindo como fins os resultados dos seus procedimentos, condiciona a ética, obrigando-a a tomar posição sobre uma realidade, não mais natural, e sim artificial. O conceito de natureza também é atingido, pois a relação homem-natureza foi regulada por nós, ocidentais, por duas visões de mundo: a grega, que concebe a natureza como morada dos homens e dos deuses, e a judaico-cristã, depois retomada pela ciência moderna, que a concebe como o campo de domínio do homem. Hoje a natureza mostra toda a sua vulnerabilidade por efeito da técnica; abre-se um cenário diante do qual as éticas tradicionais emudecem, porque não possuem instrumentos para acolher a natureza no âmbito da responsabilidade humana.

No que se refere à religião, a técnica substitui a dimensão *escatológica* do tempo pela *projetual* – subtrai da religião, por efeito dessa contração do tempo, a possibilidade de ler no tempo um projeto. E por fim a história. O caráter "a-finalista" da técnica, o qual não se move em vista de fins, mas só de resultados que nascem dos seus procedimentos, abole qualquer horizonte de sentido, determinando assim o fim da história como tempo dotado de sentido. Em relação à memória histórica, a memória da técnica, sendo só procedimental, reduz o passado à insignificância do "superado" e concede ao futuro o mero significado de "aperfeiçoamento" dos processos.

Num mundo, porém, sempre mais tecnizado, também o homem vive sob o domínio da técnica. Se ao menos na intenção ela deveria representar a consagração do homem como sujeito, na realidade o que se vê é a agonia do próprio sujeito. A esse sistema Heidegger chama *Ge-stell,* tudo o que vem posto, a imposição. Para ele, trata-se do cumprimento da metafísica. O mundo moderno parece representar o círculo vicioso do qual não somos capazes de sair. Essa é a cruz da nossa situação. Talvez o primeiro a fazer seja recuperar nossas melhores e mais profundas energias espirituais, para compreender e suportar essa situação. Auguro que o caráter despretensioso deste artigo contribua para a discussão de um fato tão sensível aos nossos contemporâneos: aquele de serem homens e mulheres inseridos no mundo da técnica, e também a premência de serem imbuídos de Deus e de vida espiritual.

A convergência da ciência, da economia, da filosofia

Da análise histórica dos últimos dois séculos, conclui-se que a ciência se materializou no Ocidente, o que ocorreu porque havia uma convergência entre as diferentes representações resultantes da ciência, da economia e da filosofia. Essa convergência está centrada em torno da ideia de domínio., No princípio, entretanto, não foi assim. O surgimento da ciência remonta à Grécia Antiga, por volta do ano 500 a.C., sob o impulso de duas figuras quase míticas: Tales de Mileto e Pitágoras. Para o autor Bruno Jarrossson (1996),

> [...] os gregos estavam particularmente intrigados com o espetáculo do céu, com o movimento bastante curioso dos planetas em relação às estrelas. Procuravam compreender o céu a partir de modelos matemáticos. A grande ideia dos gregos, se assim se pode dizer, é a de que existem coisas por detrás das coisas. (p. 35-36)

Os filósofos gregos estavam convencidos de que a realidade sensível, aquela à qual os nossos sentidos dão acesso, não é a última realidade conhecível.

No que se refere à matemática, os egípcios foram os pioneiros, somente que a sua aplicação restringia-se a problemas particulares. Os gregos foram além. Eles aplicaram a matemática sobre problemas gerais, independentemente das aplicações particulares. A capacidade de trabalhar sobre as coisas por detrás das coisas dá à geometria euclidiana um novo poder. Faltou, porém, aos gregos a ideia de medida; eles não inventavam a ideia de quantificação de medida. Essas coisas que estão por detrás das coisas não são números. Assim, os gregos tratavam do qualitativo, da qualidade. Para Aristóteles, a pedra busca o seu lugar natural, e, por isso, ela cai porque é de natureza terrestre. Trata-se de uma explicação qualitativa, uma vez que utiliza a qualidade da pedra. Já com Galileu, o problema se coloca de outro modo; a ele não interessa o porquê de a pedra cair, mas, sim, medir a queda que vai desembocar na lei da queda dos corpos. Sem essa passagem pela quantidade, não é possível aplicar as matemáticas à natureza. Segundo a análise de Bruno Jarrosson (1996) "A ciência grega é, portanto, de uma natureza radicalmente diferente da nossa. Não permite aplicações. Não proporciona nem força, nem poder" (p. 39).

Durante essa mesma época do florescimento da Grécia, prospera também a civilização chinesa, porém, os chineses desenvolvem uma tecnologia sem ciência. Eles não estão interessados nem em grandes ideias, tampouco em grandes debates científicos. Ou seja, sua superioridade tecnológica não se faz acompanhar por um grande nome da ciência. O desenvolvimento tecnológico chinês apoia-se, sobretudo, em processos, funcionando segundo o paradigma do melhoramento contínuo. Referem-se, assim, à ideia de um movimento tecnológico sem industrialização, no qual a divisão do trabalho e a repetição do gesto não desembocam no aumento das quantidades produzidas. Trata-se de uma tecnologia pré-industrial porque não é alavancada por um paradigma científico potente. Essa condição, entretanto, muda em torno de 1750, com o surgimento da máquina a vapor; embora sua invenção remonte à época de Jesus Cristo, o seu uso não existiu, porque a ideia do homem da época sobre o mundo não correspondia à sua utilização. Na visão de mundo dos gregos, a máquina a vapor não tem lugar, uma vez que não lhes interessava substituir escravos por máquinas, já que o trabalho não tinha custo. Mesmo que filósofos como Platão e Aristóteles apregoem o humanismo, nunca reclamaram explicitamente da escravatura. É a ideia, e não a técnica, que posterga a evolução.

CIÊNCIA E TÉCNICA SOB A ÉGIDE DA NEUROSE DE DOMÍNIO

O século XVII é próspero no crescimento da ciência e das grandes descobertas científicas, consequência da "reviravolta" copernicana. Com o surgimento de uma "nova ciência", caracterizada por uma época nova, havia a necessidade também uma filosofia nova, porque nascia de um novo método. O grande precursor desse pensamento foi Descartes. Ele está, particularmente, preocupado com um método capaz de fundar uma nova metafísica, o qual, de um lado, fosse aberto às novas descobertas científicas, e, de outro, guiasse a própria ciência ao interno de sua lógica, em diálogo com a mesma ciência. O ponto de partida desse método residia no *eu*. A construção do mundo a partir do *eu* torna-se o princípio unificador da idade moderna (Hemmerle, 1998, p. 27). Esse novo ponto de partida desembocará na expressão cartesiana que convida o homem a tornar-se "mestre e possuidor da natureza". Ou seja, um projeto ambicioso se define; o homem coloca-se fora da natureza, atribuindo-se um valor especial, libertando-se da condição de subalterno para tornar-se mestre. O homem do medievo sabe que não é mestre, tampouco possuidor da natureza; sabe que está submetido às forças da natureza que o ultrapassam.

Nesse mundo que estava sob a égide de uma nova ciência, aparece o sujeito como ponto de partida e o critério do conhecimento da realidade. Assim, toda a realidade centra-se no sujeito e torna-se objeto de análise científica. O mundo torna-se quantificado, e tudo tem a ver com a matemática.

Nas palavras de Jarroson (1996),

> O grande livro da natureza está escrito em linguagem matemática. A matemática será a ferramenta privilegiada para compreender, interpretar e dominar o mundo. É preciso, portanto, quantificar o mundo, medir tudo. Isso conduz à recusa da existência de tudo aquilo que não é mensurável. O qualitativo é eliminado. A quantidade tem poder para representar a qualidade. (p. 46-47)

Se tudo é mensurável pelo sujeito, isso significa para Descartes que os fins não são mais escritos. O mundo e a natureza dentro dessa lógica podem ser obtidos e conquistados. A consequência desse modo de pensar é que o mundo perde *de per si* uma forma espiritual percebível; torna-se uma espécie de cova de pedra, caracterizado por circunstâncias mecânico--causais, a partir das quais o sujeito autônomo e livre cria o próprio mundo. Esse modo de pensar promete a dominação do futuro, tendo como ponto de partida um sistema mecanicista de ciência. Temos, então, o *homo faber* que se constitui como patrão do mundo e de si mesmo, graças à sua razão analítica e criativa (Greshake, 2000, p. 140). A ciência inventa o tempo e o determinismo, e a técnica torna-se o seu braço secular embalada pela ideia de domínio. Prever o futuro significa modelar a consequência das próprias ações. Com essa ideia, o homem busca construir o mundo conforme o seu desejo, tendo o próprio destino nas mãos; em outras palavras, o homem torna-se Deus, e também agnóstico.

Uma vez que a ideia de domínio se uniu ao sistema econômico, criou-se um sistema em que há uma troca entre conforto e liberdade. Renuncia-se à liberdade de movimento e do próprio horário para deleitar-se da produção em massa. Desse princípio, nasce a economia como triplo domínio: a empresa domina o consumidor que, na busca frenética por mais consumo, deve também produzir cada vez mais. A empresa domina o assalariado, transformando-o em objeto, e não mais em sujeito. A conjuntura domina o patrão, desembocando numa competição econômica desmedida (Jarroson, 1996, p. 21-23). Essa lógica é anti-humana, já que o homem passa da condição de "mestre e possuidor da natureza" para "mestre possuidor do homem".

Uma visão mecanicista valoriza aquilo que está terminado. Além disso, tal visão, sem a qual não há ciência, perpassou o pensamento tanto de filósofos quanto de cientistas ao longo do século XIX. Embora continue acreditando que um desenvolvimento econômico só pode ser concebido dentro da ideia de domínio, entenda-se domínio do futuro, e, justamente, eliminando o acaso, a ciência dos séculos XX e XXI coloca em questão essa premissa. Dá-se conta de que o seu poder e o seu domínio são limitados. Fronteiras são estabelecidas, redimensionando o olhar que a ciência possuía dela mesma.

A visão mecanicista apregoa a ideia de que é preciso sempre acabar tudo. Como se nossas obras fossem para sempre. O jogo econômico, por sua vez, não tem fim; não se ganha de modo definitivo. Assim, é importante aceitar o incompleto e o incerto como estados permanentes. Uma pergunta de base poderia ser precisamente esta: É possível pensar um modelo científico e um econômico fora da égide do domínio? O domínio da história não está proporcionalmente atrelado ao domínio da ciência, da tecnologia e da economia. A história continua caótica, uma vez que são imprevisíveis os efeitos de nossos atos.

Então, segundo Galimberti (2006), a

> [...] técnica, de instrumento nas mãos do homem para dominar a natureza, se torna o ambiente do homem, aquilo que o rodeia e o constitui, segundo as regras daquela racionalidade que, seguindo os critérios da funcionalidade e da eficiência, não hesita em subordinar às exigências do aparato técnico as próprias demandas do homem... assistimos a uma reviravolta pela qual o sujeito da história não é mais o homem, e sim a técnica de que, emancipando-se da condição de mero ´instrumento`, dispõe da natureza como um fundo e do homem como um funcionário seu. (p. 11 e 13)

O domínio do futuro nunca será perfeito devido à existência do tempo. Não se trata de dominar o futuro, e sim de torná-lo aceitável. Segundo a interpretação de Bruno Jarroson (1996),

> O tempo existe naquilo que suporta a minha condição de ser vivo, tal como a parede suporta a tinta. É meu aliado, pois a ele me permite atingir os meus fins; é meu inimigo, pois só ele me separa do que amo; é o meu bem, pois a felicidade não existe senão no presente; é o meu sofrimento que vai balançando entre o desejo e a nostalgia... Amar a vida fora do campo do domínio é amar uma vida sempre e indefinidamente sujeita às angústias do futuro. (p. 112-113)

O problema é que a sociedade técnica promete comodidade, e confunde conforto com felicidade. Dessa falha, nasce a moral da eficácia, pensando que tudo aquilo que se opõe ao avanço tecnológico em direção a possuir mais conforto é necessariamente um mal. Desse modo, a técnica funda uma relação especial entre o ser humano e o mundo. Cada inovação muda o mundo de modo inesperado. A técnica é impelida pela curiosidade de saber e pelo desejo de mais conforto. De certo modo, aquilo que é tecnicamente realizável será feito mais cedo ou mais tarde. O hedonismo conduz a técnica, a serviço de maior conforto e bem-estar do homem. O progresso torna-se ingovernável.

Para Jarrosson (1996),

> Se a técnica é uma linguagem que descreve e constrói o mundo, o discurso sobre a técnica exprime o amor ou o desamor que temos pelo mundo que construímos. Exprime o amor ou o desamor pela nossa própria imagem, que é reenviada pela técnica. (p. 161)

O homem não pode prescindir-se das suas ações, tampouco é possível usar a técnica como algo neutro. A natureza do homem se modifica com a técnica, e esta, por exemplo, prepara o homem para viver num mundo que se apresenta como manipulabilidade ilimitada, experimentação e manipulação infinita. Não há neutralidade no agir humano e na sua obra, que, por sua vez, não está à altura do evento técnico por ele mesmo produzido. De certo modo, em termos de tecnologia, o homem brinca de aprendiz de feiticeiro. Ao produzir algo que deseja, produz também, fatalmente, algo que não deseja, utilizando a sua própria tecnologia para suprimir esses resíduos.

Nas palavras de Umberto Galimberti (2006)

> A experiência nazista, não pela sua crueldade, mas justamente pela irracionalidade que nasce da perfeita racionalidade de uma organização, para a qual "exterminar" tinha o mero significado de "executar um trabalho", pode ser assumida como o evento que marca o ato de

> nascimento da idade da técnica. Não foi, então, como hoje pode parecer, um evento errante ou atípico para a nossa época e para o nosso modo de sentir; antes foi um evento paradigmático, capaz ainda hoje de assinalar que, se não formos capazes de nos colocar à altura do agir técnico generalizado, com dimensão global e sem lacunas, cada um de nós cairá nas malhas dessa irresponsabilidade individual que permitirá ao totalitarismo da técnica continuar avançando irreversivelmente, agora até sem a necessidade do apoio de superadas ideologias. (p. 24)

AS COISAS POR DETRÁS DAS COISAS: VIVENDO A DIMENSÃO PROFUNDA DA VIDA

Ao mesmo tempo que o ser humano está enraizado no pequeno mundo de seu cotidiano, seu estatuto ontológico revela a sua abertura ao mundo. No dizer de Leonardo Boff (2000)

> Somos simultaneamente seres da abertura. Ninguém segura os pensamentos, ninguém amarra as emoções. Elas podem nos levar longe no universo. Podem estar na pessoa amada, podem estar no coração de Deus. Rompemos tudo, ninguém nos aprisiona. Mesmo que os escravos sejam mantidos nos calabouços e obrigados a cantar hinos à liberdade, são livres, porque sempre nasceram livres, e sua essência está na liberdade. (p. 27-28)

Eis a condição segundo a qual todo o ser humano é convidado a fazer uma opção fundamental: "Viver segundo a carne, ou viver segundo o espírito". No sentido bíblico, viver segundo a carne significa olhar a existência, partindo unicamente de seu substrato biológico. Não se trata de uma conotação moral, mas de uma condição da existência humana que, voltada para o mundo, participa também do destino do mundo: da sua finitude, da sua caducidade e da sua provisoriedade. Por que é assim? Porque o ser humano é criatura, não é Deus; não é uma realidade absoluta e independente. Enquanto criatura, o ser humano experimenta-se como mortal. Na sua vulnerabilidade, sabe que a vida vai desgastando-se pouco a pouco até a morte.

O ser humano é nutrido pela sua finitude, não só porque destinado à morte, mas porque esta constitui a sua estrutura. A morte não é um acontecimento derradeiro, mas acontece diversas vezes ao longo da vida. Diariamente, damo-nos conta de que morremos não somente biologicamente, mas também em nossa fala, em nossas ações, em nossos encontros, em nossos afetos, em nossas cerimônias. A finitude, no entanto, não é necessariamente a causa da angústia. Para o psicanalista Gilberto Safra (2005), "a clínica revela que não poder morrer também é fonte de angústia. É terrível não poder finalizar algo que se iniciou" (p. 33).

Aqui se apresenta a dimensão trágica do ser humano, da qual, pela sua memória, recorda-se sempre: ao mesmo tempo em que é abertura ao sentido, é destinado à morte que implode todo o sentido.

Nas palavras de Galimberti (2000),

> De fato, a presença da memória expõe o homem à procura de uma felicidade que não pode excluir a abertura para o sentido, sendo uma abertura o que faz com que o homem seja homem e não animal. Mas a abertura, dilatando-se para frente e para trás, situa o homem entre o nascimento e a morte... O trágico é, pois, elemento constitutivo do homem, a quem a memória, depois de tê-lo aberto para o sentido, lhe recorda que é aberto para o nada. (p. 60).

Utilizando um dizer nietzcheano (1972): "Luta, sofrimento e tédio se aproximam do homem, para lembrar-lhe aquilo que no fundo é a sua existência – algo de imperfeito que não pode nunca se realizar" (p. 263).

A vida, segundo o espírito, afirma, porém, que o ser humano enraizado no mundo não se perde nele. O homem como um ser "mordido" do infinito é o único ser da criação capaz de transgredir os limites em que vive. Ainda de acordo com Galimberti (2006),

> O animal in-siste num mundo que para ele já está preordenado, ao passo que o homem ex-siste, porque está fora de qualquer preordenação e, por efeito dessa sua existência, é obrigado a construir para si um mundo. (p. 83).

Por essa razão, a partir do absoluto que entrevê, o ser humano pode rir e manter o humor frente à seriedade do *grand théatre* humano. Se, pelo substrato biológico (carne), o ser humano participa dos demais seres do mundo, como espírito, ele é singular, bendito e inviolável, destinado à plenitude da vida. Fazendo referência ao pensamento de Hanna Arendt (1997)

> O novo sempre surge sob o disfarce do milagre. O fato de que o homem é capaz de agir significa que se pode esperar dele o inesperado, que ele é capaz de realizar o infinitamente improvável. E isso é possível porque cada homem é singular, de sorte que, a cada nascimento, vem ao mundo algo singularmente novo. Desse alguém que é singular pode-se dizer, com certeza, que antes dele não havia ninguém. (p. 191)

Em outras palavras, todo ser humano constitui um mistério que sempre acontece de novo, como pela primeira vez. Quem o tocar, toca o próprio Deus. Utilizando uma citação agostiniana: "O mundo não dá conta de definir o quadro final da vida nem fornece o sentido derradeiro do buscar do coração".

A possibilidade de compreensão é originária no ser humano; ela lhe é dada no momento em que o homem acontece no mundo. Para Safra (2005), "A compreensão originária é esta condição que nos torna sempre abertos ao sentido ou à ausência de sentido. Em decorrência dessa situação originária, podemos afirmar que o homem é transcendência" (p. 24). Transcendência necessariamente não significa religiosidade, mas, sim, algo que está para além.

O homem é um ser aberto a outro. Ontologicamente, faz aquela experiência de ser visitado por algo estranho a ele mesmo, que o ultrapassa e está além de si mesmo. Embora seja um acontecimento comunitário, uma vez que, segundo Safra (2005) "A morte, assim como o nascimento, necessita ocorrer em comunidade para que aconteça a dignidade do nascer e do morrer" (p. 90), o ser humano faz a experiência da solidão. Trata-se de uma solidão também originária, já que o nascer e o morrer são experiências solitárias. Eis o paradoxo da condição humana: está aberto ao outro, e, ao mesmo tempo, originalmente é só. Nas palavras de Safra (2005), "Como ser paradoxal, o homem é finito que anseia o infinito, limitado que vive o ilimitado, criatura que anseia por um criador. É um ser que vive entre agonias impensáveis e o terror do totalmente pensado" (p. 27). O outro assume a condição de testemunha e interlocutor. A solidão originária deve ser testemunhada, somente assim poderá ser vivida. Ainda que empiricamente a pessoa esteja só, no seu momento de nascimento e morte, a presença do outro dá um rosto à solidão e faz com esta não seja vivida de modo absoluto.

O mundo moderno tem dificuldade de aceitar a precariedade e a finitude da vida, as quais constituem o indizível do ser humano. A cultura contemporânea é carente de elementos simbólicos que contribuam no acolhimento da finitude e na constituição de sentidos. Não raro, o sentido último está atrelado ao mundo das aparências das coisas; um bem material, símbolo de *status* social. E aqui se constitui o mundo da técnica, perseguindo o próprio crescimento, como uma espécie de fim em si mesma e a serviço de si mesma, ou do "conforto" de alguns.

Não é possível, no entanto, esquecermos que somos seres da passagem assentados entre a origem (*Arché*) e o fim (*Telos*). Essa experiência existencial de início e fim mostra que somos seres precários, mesmo porque sabemos não haver garantia alguma da persistência daquilo que criamos. Nesse sentido, o homem é um ente em caminho, constante "vir a ser", que deve realizar-se desde a sua cotidianidade que é mortal. De acordo com Safra (2005), "No cotidiano, somente uma faceta do nosso modo de ser pode se realizar em um determinado momento" (p. 67). Seguindo os passos de Edith Stein (1950), a maior parte de nós mesmos e de nossas potencialidades permanece na sombra. A precariedade não diz respeito apenas ao fato de estarmos entre a origem (nascimento) e o fim (morte). O próprio cotidiano e suas inúmeras possibilidades são mediados pelo ser e pelo não ser. Em cada momento da vida de uma pessoa, pode apresentar-se o não ser. Temos, portanto, o ser como oferta, e a precariedade como condição do próprio movimento de existir.

Dentro dessa condição, a existência é peregrinação, e o ser humano apreende que não há morada permanente neste mundo. É como se habitássemos o mundo para, em seguida, desabitá-lo. De certo modo, segundo Safra (2005), "A forma como a pessoa concebe qual foi sua maneira de entrar no mundo influencia o modo como ela concebe a sua maneira de sair do mundo" (p. 76). A existência, portanto, é travessia. Não raro, pessoas demasiadamente bem alojadas no mundo, e que gozam de demasiado bem-estar, acabam por desvirtuar sua própria condição espiritual e ontológica. A vida, porém, inexoravelmente cobra uma formulação de sentido por parte do ser humano. Tal formulação tem a ver com o sonho que cada ser humano sonhou para o seu futuro. A utopia presente em cada indivíduo, bem como sua singularidade, tem a ver com a sua concepção de absoluto. Compreendendo o modo como uma pessoa concebe o fim último, presente nas suas fantasias, nas suas metáforas e mesmo nos seus sonhos, compreende-se qual é o seu deus, qual é a sua reserva de esperança. Ainda nas palavras de Safra,

> Esta será constituída por suas concepções pessoais teleológicas que muitas vezes serão também concepções pessoais teológicas. A esperança relaciona-se ao modo como se concebe o sonho utópico posicionado no horizonte da existência. Se, de repente, a utopia morre, a esperança se esvai. (p. 112)

Pode-se, então, falar de uma teleologia pessoal que, segundo Gilberto Safra (2005), "É a situação que a pessoa imagina ou sonha como necessária para que a sua morte seja possível de ser acolhida sem agonia (p. 85). Por isso, o sentido da vida de uma pessoa se revela na sua plenitude e na profundidade após a sua morte.

Durante a vida, o sentido permanece sempre aberto, ao passo que a morte desvela de modo definitivo o rosto da pessoa que se foi. Assim, permanece vivo em todo ser humano um conhecimento existencial de Deus que resguarda a autenticidade da existência humana, garantindo o sentido do mundo e da história. Fazendo referência a Mircea Eliade, a experiência do sagrado, portanto, faz parte da estrutura da consciência. Dessa constatação, deduz-se que a experiência do Sagrado está presente em cada ser humano, mesmo que esta não seja evidente e nem se revele sempre.

A experiência do sagrado leva o ser humano a experimentar a sua vida como doação, sempre em devir. Cada passo da existência constitui um sucessivo dar-se de nascimentos e mortes, vividos a cada momento. A espiritualidade se constitui no momento em que o ser humano coloca o fluxo de sua vida – devir – em consonância com a sua concepção do absoluto. O sonho do futuro torna-se um gesto no agora que constitui sentido, mas este não se encerra no agora; ele transcende o momento do agora, como uma espécie de janela para o além. A metáfora da janela remonta à ideia de que o sentido está para além do mundo. Utilizando a descrição de Simone Weil, esse momento se constitui numa espécie de *des-criação do si mesmo,* que, para Eckart, de certo modo, será a consciência do nada, que representa o ponto de encontro entre a criatura e Deus. Trata-se de um "nada" que é "sombra" do divino. A autenticidade da existência humana consistirá na consciência de ser nada e ligada ao nada. Em termos teológicos, é a graça mesma. Para o grande místico medieval, o verdadeiro poder da alma consiste na sua consciência de não ter poder. A razão vem compreendida no horizonte de Deus, no qual o ser humano se abandona a ele como verdade existencial última; esta, portanto, se revela como abertura à presença do sagrado, segundo a qual cada ser humano singular é capaz de transformar-se.

Considerações finais

A técnica é uma criação humana que pode causar estranheza. O homem interpela a si próprio devido à estranheza da sua própria criação. O mundo exacerbado da técnica nos convida a buscar novas fontes. Estamos testemunhando uma das mais significativas mudanças da história humana.

Um dos maiores fenômenos científicos da nossa época é o da emergência do tempo. A ciência afirma que o tempo existe. Entretanto, aceitá-lo significa admitir que o domínio não seja perfeito. O tempo nos espanta, pois traz consigo a eventualidade e o imprevisto. O futuro, portanto, é imprevisível, e não podemos dominá-lo, mas torná-lo plausível. Isso significa dizer que todas as soluções aplicadas hoje não são completas em relação ao amanhã. Os gregos tinham duas palavras para designar o tempo: Khronos e Kairós. Khronos é o tempo cronológico das batidas do relógio; Kairós, o tempo que se mede pelas batidas do coração – dançam ao ritmo da vida – e da morte. Se Khronos é um tempo sem surpresas, Kairós, ao contrário, vive de surpresas, já que a vida vem medida pelas pulsões do amor. A palavra kairós é usada para falar do tempo do espírito; é a novidade de Deus que se revela na vida e na história pessoal e na comunitária. O mundo necessita de compaixão, enquanto capacidade de empatia para compreender a dor do outro. Só quem ama é capaz de abrir-se ao sofrimento do outro. Nesse particular, o amor como a melhor forma de conviver, como um convite para sairmos de nós mesmos e fazer a experiência do outro enquanto alteridade e transcendência. O amor é a afirmação da vida que recebemos e podemos dar. Uma vida amada é uma vida feliz. O amor como a única forma de romper a surdez do outro e puxá-lo para fora de sua solidão e de seu isolamento.

A experiência tem mostrado que ninguém consegue viver por muito tempo sem sentido. Talvez algumas das perguntas mais inquietantes neste momento sejam: Qual é o sentido da vida? Qual a finalidade do viver e do morrer? Diante da precariedade da vida, da finitude da experiência humana, do enigma da morte, diante das perguntas sem resposta que jorram de tantas vivências humanas dramáticas, o coração e a mente de todo homem sejam levados a buscar e a encontrar o significado profundo, o sentido verdadeiro da vida e da história. Significado e sentido que abrem a perspectiva da transcendência, e da espiritualidade; a perspectiva do Absoluto. Hoje é visão generalizada que precisamos reencontrar o caminho do equilíbrio interior, da espiritualidade, do parentesco com a natureza, do sentido da vida e da alegria de viver. Existe mais para a vida humana do que o mundo atual nos oferece e do que pode ser experimentado exteriormente. Seguindo os passos de Victor Frankl, pode-se encontrar sentido também pela atitude que tomamos frente ao sofrimento inevitável. Não devemos *esquecer que também podemos* encontrar sentido na vida quando nos confrontamos com uma situação sem esperança, quando enfrentamos uma fatalidade que não pode ser mudada. Sofrimento de certo modo deixa de ser sofrimento no instante em que encontra um sentido como o sentido de um sacrifício.

Apesar de ser notório o surgimento de uma forte tendência na busca da prática de valores que há muito tinha sido esquecido, o homem contemporâneo valoriza a matéria, o ter, o poder, relegando ao segundo plano o espiritual, caindo numa profunda crise de sentido de vida. Alucina-nos a técnica, a ciência, as grandes descobertas, as possibilidades espantosas de comunicação que a modernidade nos oferece. Assim, o homem do futuro estará embriagado pela técnica, porém, fragmentado, se não for capaz de serenar, de olhar nos olhos, de sentar-se perante o espelho de si mesmo. Toda a técnica do mundo não poderá abrandar uma lágrima necessária, uma carência afetiva ou uma necessidade de sentido último do ambiente onde nascemos e morremos.

Faz-se necessária uma pergunta que nos ajude a mergulhar no oceano profundo da existência: O que levaremos da vida? Da vida só levamos aquilo que aprendemos a amar. A transcendência e o transcendente constituem, assim, a essência da existência humana. O essencial não é a duração, e, sim, a plenitude de sentido. Transcendência, e espiritualidade enquanto saída de si mesma, procura o que fica na outra margem do rio e, dessa forma, consegue um encontro. A vida de todo homem e mulher como um encontro, morrer como um encontro, vida da pessoa como esforço para o acesso ao inacessível. Encontro com o mistério.

Referências bibliográficas

Agustín, S. (1991). *Obras completas de San Agustín* (Vol. II: *Las confessiones*). Madri: Biblioteca de Autores Cristianos.

Arendt, H. (2002). *A condição humana*. Rio de Janeiro: Forense Universitária.

Boff, L. (2000). *Tempo de transcendência*. Rio de Janeiro: .

Drucker, P. F. (2000, primavera). Managing knowledge Means Managing Oneself. *Leader to Leader*, *16*, 8-10.

Eliade, M. (1984). *História das crenças e das ideias religiosas*. São Paulo: Zahar Editores.

Frankl, V. (2001). *Em busca de sentido: um psicólogo no campo de concentração*. São Leopoldo: Sinodal.

Galimberti, U. (2000). *Psiche e techne – L´uomo nella età della técnica*. Milão: Feltrinelli.

Greshake, G. (2000). *Il Dio Unitrino*. Brescia: Queridiana.

Hemmerle, Kl. (1998). *Partire dall'unità. La Trinità come stile di vita e forma di pensiero*. Roma: Città Nuova.

Jarroson, B. (1996). *Humanisme et Technique*. Paris: Presses Universitaires de France.

Mestre Eckart. (1992). *Una mistica della ragione*. Padova: Messagero di S. Antonio.

Nietzsche, F. (1972). *Sul'utilità e Il danno della storia per la vita* (Vol. III). Milão: Adelphi.

Safra, G. (2005). *Hermenêutica na situação clínica: o desvelar da singularidade pelo idioma pessoal*. São Paulo: Sobornost.

Stein, E. (1950). *Ser finito y ser eterno. Ensayo de una ascensión al sentido del ser*. México: Fondo de Cultura Econômica.

Weil, S. (1993). *A gravidade e a graça*. São Paulo: Martins Fontes.

Psicologia positiva, espiritualidade e saúde: repercussões na psicologia contemporânea

Leonardo Machado da Silva, Marisa Campio Müller,
Martha Wallig Brusius Ludwig e Tatiana Helena José Facchin

Desde que se tem registro, a história da humanidade demonstra que a psicologia, a espiritualidade e a religião têm sido interligadas à saúde em um expressivo número de civilizações. A título de exemplo, desde a antiga Mesopotâmia, a civilização egípcia, na China antiga, os gregos, os romanos, os nativos norte-americanos e as populações indígenas de vários países do globo, dentre outras civilizações, tem-se visto a associação da cura de doenças físicas relacionada a rituais, a orações, a encantamentos e a peregrinações. No entanto, com o advento do progresso da ciência renascentista e o desenvolvimento do paradigma biomédico no século XIX, as novas formas de investigação tornaram tais associações cada vez mais escassas. Epistemologicamente falando, a ciência Psicologia foi criada e nutrida nesse contexto mecanicista, não somente calcada no dualismo mente-corpo, mas também refutando quaisquer variáveis que não pudessem ser empiricamente passíveis de investigação.

Com o avanço da Medicina Comportamental e da Psicossomática, passamos a perceber que os comportamentos e as crenças humanas estavam também implicados na saúde, dando início, na década de 1970, à Psicologia da Saúde (Sarafino, 2008; Kaptein & Weinman, 2004). Concebida inicialmente nos Estados Unidos e na década seguinte incorporada também por diversos países europeus (Itália, Reino Unido, Portugal e Espanha), essa nova área de atuação da ciência psicológica busca, fundamentalmente, a investigação do ser humano como ser multifatorial, e, assim, nossa espécie é considerada, *a priori*, como influenciada por diversas variáveis (biológicas, psicológicas e sociais). Mais recentemente, o aspecto espiritual vem sendo considerado e reconhecido como algo de valor na vivência humana. Em outras palavras, tenta resgatar uma visão holística de ser humano, dentro do chamado *paradigma biopsicossocial espiritual*.

Embalada pelas pesquisas em Psicologia da Saúde das duas décadas subsequentes, um número significativo de subespecialidades começava a surgir. Dentre elas, o estudo dos comportamentos de saúde e de risco, a psiconeuroimunologia, os cuidados paliativos, a relação e a comunicação terapeuta-cliente, as estratégias de prevenção primária, os programas de reabilitação e, entre outros, a psicologia positiva. Essa última temática nos é de especial interesse para este capítulo, já que nela está abarcado o estudo das virtudes e das potencialidades humanas. O movimento científico aplicado às qualidades humanas e a promoção de seu funcionamento positivo teve início com Martin Seligman, então presidente da American Psychological Association, há cerca de vinte anos (Snyder & Lopez, 2009; Yunes, 2003). Seligman promoveu o estudo de uma psicologia mais positiva, na tentativa de dissuadir o fazer psicológico que se baseava primordialmente no ser doente. Passavam a despertar o interesse dos cientistas alguns conceitos há muito tempo negligenciados, tais como alegria, bom humor, coragem, fé, esperança, otimismo e resiliência. Dentro dessa perspectiva, os assuntos ligados à transcendência, como a religiosidade e a espiritualidade, começaram a figurar mais recentemente.

Mesmo dando crédito à Psicologia Positiva pela retomada dos estudos envolvendo a religiosidade e a espiritualidade, diversos autores da Psicologia já faziam referência a essa dimensão humana, desde William James (1842-1910), passando por Charles Myers (1873-1946) e Carl Gustav Jung (1875-1961), até os autores ligados ao movimento humanista/existencial, como Abraham Maslow (1908-1970) e Viktor Frankl (1905-1997). Entretanto, cabe ressaltar que foi na Logoterapia de Frankl que a espiritualidade ganhou sua maior menção na Psicologia, sendo considerada pelo autor como a parte mais importante da personalidade (dimensão *noética*). Atualmente, o nome que mais se destaca no tema da religiosidade é o do médico norte-americano Harold Koenig, enquanto a espiritualidade vem sendo amplamente apreciada nos diversos âmbitos da Psicologia da Saúde por diversos pesquisadores internacionais, tais como Herbert Benson e Richard Friedman. Em nível nacional, há Julio Peres, Carlos Eduardo Tosta, Alexander Moreira Almeida, Marília Ancona-Lopez, José Paulo Giovanetti, João Edênio dos Reis Valle, entre outros.

Nos parágrafos seguintes, discorreremos acerca do tema espiritualidade e a sua relação com a saúde, incluindo as implicações na clínica psicológica e as pesquisas recentes que ligam esta à Psicologia.

Psicologia positiva e espiritualidade

O trabalho de referência que demarca o início (ou, para muitos, a retomada) da Psicologia Positiva no meio científico está no artigo de Seligman & Csikszentmihalyi (2000). Os autores fazem um claro apelo para o reconhecimento científico de aspectos de caráter positivo do ser humano, conclamando os psicólogos a refletir sobre a negligência histórico-epistemológica no estudo do ser humano saudável e de suas potencialidades. Em 2002, no seu livro publicado nos Estados Unidos, Seligman (2004) propõe três pilares para o estudo criterioso da Psicologia Positiva: o estudo das emoções positivas (I), os traços, as virtudes e as habilidades positivas (II) e o estudo das instituições positivas, que dariam suporte às virtudes e às emoções positivas, como a família, a escola, as comunidades e a democracia, citando alguns exemplos (III). O termo que o autor mais enfatiza é felicidade, também chamada na literatura científica como *Bem-Estar Subjetivo*.

Após o período inicial de conclamação para um redirecionamento de olhar em Psicologia, começaram a surgir trabalhos que correspondiam ao chamamento de Seligman. Os autores eram unânimes em ressaltar a quase inexistência dos estudos sobre pessoas felizes ou sobre as potencialidades humanas, e, desse modo, passaram a discutir novas terminologias e a criar instrumentos para a utilização em estudos empíricos. Importante ressaltar, como fazem Seligman et al. (2005), que o desenvolvimento da psicologia positiva é complementar ao que já existe, ou seja, a intenção é claramente a de equilibrar os aspectos saudáveis e não saudáveis do ser humano. Nesse sentido, o próprio trabalho clínico passa a ter um viés otimista, pois questiona-se o quanto o trabalho terapêutico acontece também pelo cultivo e pelo reforço dos aspectos sadios do sujeito, em vez de ou somente pela cura das patologias.

A evolução da pesquisa em Psicologia Positiva, a título de ilustração, pode ser representada por algumas temáticas específicas. Estudos sobre resiliência, como os de George Barbosa (2006) e das autoras Yunes (2003), Paludo e Koller (2007), que aprofundam este conceito em uma revisão sobre a Psicologia Positiva, merecem destaque no Brasil. Na área das organizações, uma leitura abrangente em língua portuguesa pode ser encontrada nos trabalho de Marujo et al. (2007) e Siqueira & Padovam (2008). Estudos sobre o Bem-Estar Subjetivo (BES) tiveram contribuição inicial de Diener (2000) e seguem tendo repercussões aplicadas em diversas áreas da Psicologia (Passareli & Silva, 2007). Outro movimento é o da clínica positiva, o qual envolveapresenta uma série de autores que propõem o foco nas virtudes pessoais e nas potencialidades do paciente, em geral, enfatizando a prevenção e o fortalecimento dos aspectos saudáveis (Paludo & Koller, 2007). No entanto, essa modalidade clínica ainda carece de modelos estruturados e de sistematizações de base empírica. De acordo com Luciano, Paez-Blarrina e Valdivia (2006), a clínica com o enfoque positivo pretende fortalecer as potencialidades que atuam como amenizadoras do sofrimento psíquico, como a coragem, o otimismo, a esperança, a capacidade de *insight* e a transcendência.

Além das temáticas já citadas, a espiritualidade merece destaque neste capítulo. Desde que passou a figurar como componente importante na concepção de saúde pela Organização Mundial da Saúde (OMS), em 1983, os estudos passaram e envolver a espiritualidade como fator implicado na qualidade de vida (Calvetti, Müller e Nunes, 2007). Como lembra Martínez (2006), o aspecto transcendente é também da Psicologia Positiva, já que constitui um recurso para o desenvolvimento pessoal e recentemente vem servindo como resposta aos problemas existenciais da sociedade ocidental. Nesse sentido, dois movimentos distintos começaram a retratar a espiritualidade: o da prática científica envolvendo pesquisas empíricas e os que se voltaram às implicações para a clínica psicológica.

Os estudos correlacionais e de associação passaram a trazer a variável espiritualidade como fator protetivo à saúde. Esse movimento tem alimentado a utilização de instrumentos que mensurem o quanto essa prática está envolvida na proteção às patologias e no auxílio para lidar com as doenças crônicas, principalmente em estados terminais. Em decorrência desse fato, inúmeros cientistas têm despertado o interesse por estudos envolvendo o *coping* (capacidade de enfrentamento) religioso, ou seja, buscam explicitar os recursos de enfrentamento dos problemas por meio das crenças pessoais em determinadas forças externas, geralmente ligadas a algum credo religioso. Outra preocupação parece estar voltada ao cuidado paliativo, em especial nos pacientes com câncer e portadores do vírus HIV. Uma série de outros estudos tem se voltado aos idosos e às variáveis psicossociais implicadas na espiritualidade. Dentre os profissionais da área da saúde, percebe-se um grande avanço daqueles relacionados à enfermagem interessados na temática, embora a Psicologia mais recentemente tenha avançado de modo considerável na investigação da espiritualidade e na sistematização de procedimentos que diferenciem espiritualidade da religiosidade. As pesquisas atuais serão mais bem relatadas no final deste capítulo.

Um fenômeno amplamente observado é a expansão do uso do termo *espiritualidade* na saúde. O próprio fato de estarmos escrevendo este capítulo e relacionando o termo à Psicologia já demonstra tal fato. Em 2007, a Revista de Psiquiatria Clínica da Universidade de São Paulo lançou um volume especial (34, suplemento 1) retratando a espiritualidade e a religiosidade, com contribuições de autores renomados internacionalmente e importantes cientistas que pesquisam a temática no Brasil. O discurso muitas vezes rejeitado de profissionais da saúde em busca da atenção a essa dimensão humana começa aos poucos a ter como aliado a própria ciência (ou metodologia) que por ventura a excluiu. Exercitar a reflexão sobre o sentido de suas vidas e valorizar as crenças saudáveis de nossos pacientes passou a ser cada vez mais unânime entre os profissionais da saúde. Apesar das resistências, os dados empíricos demonstram que a espiritualidade é uma dimensão humana que não deve ser ignorada.

Circulando por entre as definições de espiritualidade, escolhemos pensá-la como uma forma contínua de viver, alicerçada nas crenças da pessoa sobre a vida e na preocupação com o seu desenvolvimento interno, sem que, necessariamente, esteja implicada em devoções a deuses ou a práticas dogmáticas de religião. Este aspecto transcendente do ser humano nos remonta historicamente às diversas concepções de pessoa que temos registro. Com Maslow e Rogers da psicologia humanista e depois com Jung e Frankl, o respeito às questões existenciais não só é valorizado, mas considerado como aspectos fundamentais para a subjetividade, embora esses autores fossem pouco compreendidos em suas épocas. Como lembra Alves et al. (2010), com a retomada das pesquisas na área da espiritualidade, obtivemos cada vez mais evidências de sua importância para a saúde, tanto que hoje já se tem um escopo inquestionável de dados que correlacionam a religiosidade e a espiritualidade a aspectos sadios.

As vias de reconhecimento do efeito da espiritualidade na saúde aparecem de diversas fontes. Com os trabalhos da psiconeuroimunologia, percebemos que as pessoas com uma prática espiritual (em grupo ou pessoal) têm melhor imunidade e mais longevidade. Apesar de os mecanismos para tal ainda não terem sido plenamente elucidados, outras pesquisas envolvendo variáveis psicossociais apontam para um maior suporte social entre os "praticantes", o que os levaria a ter maior número de comportamentos de saúde, tais como mais aderência aos tratamentos e mais procura para exames preventivos. Os estudos que envolvem variáveis psicológicas têm trazido o *coping* espiritual/religioso e níveis de espiritualidade associados a um maior enfrentamento dos problemas (Krageloh et al., 2010). Outras diversas pesquisas realizadas com pacientes com câncer e cardiopatias têm apontado uma correlação positiva entre Bem-Estar Espiritual ou envolvimento religioso com um melhor prognóstico nesses pacientes. Estudos com dependência química apontam uma maior eficácia dos tratamentos quando estes estão vinculados a aspectos e a valores de cunho espiritual. A frequência dos comportamentos de risco em saúde (como prática de sexo inseguro, uso abusivo de drogas, etc.) é significativamente menor nos praticantes com valores espirituais. No geral, as principais hipóteses de que hoje temos conhecimento se referem a que a espiritualidade pode ajudar em duas vias: uma protetiva, mediante o suporte psicossocial, que ajudaria na promoção de comportamentos saudáveis, e a via individual, por meio do *coping*, que tem se mostrado mais ativo e assertivo em pessoas com práticas voltadas à espiritualidade.

A dimensão dessas descobertas não poderia deixar de repercutir na prática clínica. A relação estabelecida entre o terapeuta e a pessoa que procura ajuda aqueceu o debate sobre a qualidade da relação, do vínculo estabelecido e, principalmente, sobre as crenças de ambos: terapeuta e paciente/cliente. Novamente, cabe citar Carl Rogers, o pioneiro da pesquisa sobre a relação terapêutica e da proposta de "atitudes" do terapeuta que facilitariam o processo dessa relação. Independente da linha teórica que norteia o trabalho clínico, lembramos que as crenças espirituais/religiosas fazem parte importante da nossa cultura e da nossa civilização, ou seja, os processos estritamente psicológicos estão constantemente sob o viés da espiritualidade. Sabe-se que a valorização do sistema de crenças do paciente aumenta a adesão ao tratamento e contribui para a eficácia da intervenção. Parece que podemos agora compreender o fato de a saúde e de a espiritualidade estarem interligadas no decorrer da história – ambas lidam com o que é humano em sua essência, portanto, abordar ambas se torna não só natural como óbvio.

O trabalho que melhor resume os estudos sobre a espiritualidade na prática clínica é o de Peres et al. (2007), que compilaram uma série de estudos e descreveram com criterioso rigor o que as pesquisas vinham trazendo até o momento. Um importante dado trazido pelos autores ressalta a competência ética e o preparo profissional para abordarmos questões espirituais com nossos pacientes/clientes. A preparação para uma relação mais abrangente do que via a doença (atenção à subjetividade) e o desenvolvimento de capacidade empática foram trazidos como relevantes para a capacitação dos terapeutas e dos médicos. Apesar de muitas vezes o sistema de crenças elminminar a responsabilidade do sujeito frente às situações de vida, os autores ressaltam que é obrigação do profissional estar aberto para discutir a espiritualidade de cada paciente/cliente e, assim como lidamos com os sintomas, termos critérios éticos e metodológicos para alinhar as informações obtidas com a eficácia terapêutica.

Espiritualidade na clínica psicológica

O tema espiritualidade esteve distante da prática clínica até pouco tempo, pois este não era reconhecido sob o olhar da Psicologia. Entretanto, mais recentemente, vários estudos realizados demonstram a importância da espiritualidade no contexto da saúde. A espiritualidade, segundo Valle (2005), é algo encarnado no contexto real da vida de cada pessoa e de cada época. Ela expressa o sentido profundo do que se é e se vive de fato. Orienta-nos para o porquê último da vida e para a busca de sentido para o viver, sendo, portanto, um aspecto transcendente de todos os seres humanos.

Nesse sentido, para Cavalcanti (2005), o processo psicoterápico e a espiritualidade se aproximam, uma vez que um potencializa o outro e ambos buscam os mesmos objetivos: o autoconhecimento, a compreensão das situações vivenciadas e de suas significações, e o resgate dos valores reais da vida. Isso propicia um olhar introspectivo da pessoa para si mesma, para com o outro e com o meio em geral. Conforme a mesma autora, não existe desenvolvimento psicológico sem o correspondente desenvolvimento espiritual, e os dois caminhos levam ao desenvolvimento do sentido ético da vida. Em termos emocionais, a espiritualidade propicia uma maneira diferenciada de tratar as dificuldades que podem ser vistas como experiências de vida (Teixeira, Müller & Silva, 2004).

Como dito anteriormente, vários psicólogos já assinalavam a importância da espiritualidade no viver humano. Entretanto, neste capítulo, ressaltaremos os trabalhos de Carl Gustav Jung e Viktor Frankl, visto que ambos entendem que a vida é teleológica e, portanto, exige um desvelamento, no sentido de buscar uma razão maior. Assim, a busca para o autoconhecimento é fundamental.

O conhecimento psicológico leva progressivamente para além do ego, para o *Self*, entendido, por Jung, como o centro maior da personalidade, a representação da divindade interior que guia todo o desenvolvimento do ego. Também para Frankl (1984), a busca pelo sentido da vida é a motivação primária da existência humana, podendo esta servir como um grande potencializador do processo terapêutico.

O sentido da vida varia de pessoa para pessoa, bem como não há um único e exclusivo sentido para cada indivíduo; dependerá do momento que está vivendo, de quais são suas expectativas, suas motivações, etc., representando um processo dinâmico e inerente aos seres humanos. Embora o sentido da vida se modifique, jamais ele deixa de existir (Frankl, 1984).

O objetivo da psicoterapia para Jung era não só a cura dos sintomas e a adaptação da personalidade, mas, sobretudo, a cura da alma. A finalidade era a transformação espiritual, a autorrealização e a experiência da plenitude do lado transcendente da vida. A meta terapêutica de Jung era levar o indivíduo a refazer a conexão com o *Self* e, desse modo, religar-se à sua função espiritual, e comprometer-se com a busca do desenvolvimento espiritual. Dessa maneira, a finalidade da psicoterapia junguiana é deslocada do ego para o *Self* (Cavalcanti, 2005).

Também Frankl (1984), por meio das técnicas da logoterapia, objetivava ampliar o campo de visão de seu paciente, a fim de que este se tornasse mais consciente acerca de seu sentido de vida. Para ele, o verdadeiro sentido de vida encontrava-se no mundo, não na psique do indivíduo, sendo tal característica denominada por ele como autotranscendência. Esta representa que o ser humano estará sempre se dirigindo para algo ou para alguém diferente de si, o que por si só indica um caminho a ser seguido, ou seja, uma busca com sentido. Além disso, para ele, qualquer fase da vida possibilita que se avaliem as situações de vida, de trabalho, das relações, e, assim, novos significados podem surgir. Dessa forma, o processo psicoterápico pode servir como potencializador para novas percepções (Kovács, 2007).

É possível observar que, para ambos, o processo psicoterápico vai muito além do corpo e do psíquico, ou seja, busca uma dimensão mais profunda de ser e viver, e, dessa forma, ambos entrelaçam o desenvolvimento psicoterápico com o espiritual. Farris (2005) corrobora com esse pensamento ao compreender que psicologia e espiritualidade podem ser entendidas como dois universos simbólicos que usam conceitos diferentes para descrever um processo bem parecido: a construção, a percepção ou a criação de significado.

Em nossa prática clínica, observamos que a espiritualidade pode auxiliar as pessoas a enfrentar dificuldades referentes a determinadas experiências de vida e a dar um sentido e uma conotação diferente ao acontecimento. A visão espiritual amplia o nível de consciência e permite um posicionamento mais amadurecido frente aos revezes da vida. O sofrimento não deixa de existir, mas é visto e entendido sob outro ângulo, contribuindo, dessa forma, para o crescimento emocional/existencial do indivíduo. Questionamentos como: "Qual o sentido da sua vida?", "O que deseja para você enquanto ser humano?", "Quais os valores reais da vida para você?", "Tem alguma crença em algo superior?", "Como é isso para você?", "Pensa que o sofrimento que está vivendo pode trazer-lhe um aprendizado maior?", "Como isso pode ressignificar o seu momento presente?". Ou então o terapeuta pode colocar: "Não será isso tudo o que está vivendo/sentindo um chamamento da sua alma?", "Já se permitiu ouvir sua voz interna?", "O que diz sua intuição?", "Como são seus momentos íntimos contigo mesmo?", "É capaz de ser boa companhia para si mesmo?", "A vida e a sua continuidade, a morte, nos faz pensar que tudo o que aqui temos ou conquistamos materialmente não nos acompanha depois da morte, afinal *para que* estamos aqui?", dentre outros questionamentos. Essas interrogações podem favorecer o amadurecimento psicológico, auxiliando o processo clínico, ao mesmo tempo em que exploram uma área importante da constituição humana – a espiritualidade.

A aliança entre a psicoterapia e a espiritualidade é um catalisador do processo de vida da pessoa. Entretanto, não é observado esse entrelaçamento nos cursos de graduação, criando-se uma lacuna na formação. Segundo Schultz, Ross e Gutheil (1997, apud Peres, Simão & Nasillo, 2007), um dos fatores que dificultam a integração do tema espiritualidade com a psicoterapia é a orientação tradicional de escolas psicoterápicas de que a espiritualidade está fora da esfera de investigação da área da Psicologia.

Ancona-Lopez (2005) reforça esse entendimento quando refere que os cursos de graduação em Psicologia ainda não abarcam a dimensão espiritual em seus currículos. Isso ocorre devido ao desconhecimento dos estudos já realizados na área, aliado ao preconceito existente no mundo acadêmico e no científico, o qual impede a discussão aberta do tema com professores e supervisores. Contraditoriamente, em pesquisas realizadas com psicólogos, observa-se que estes, na sua grande maioria, afirmam ter uma consciência espiritual e/ou religiosa. Evidencia-se, dessa forma, o hiato existente entre as experiências pessoais e a vivência profissional.

Infelizmente, como refere a mesma autora (2005), os psicólogos não estão preparados tecnicamente para lidar com as questões religiosas e espirituais de seus pacientes. Sendo assim, as convicções pessoais, mais do que uma educação graduada e um treino clínico, são o que prepondera ainda hoje no *setting* terapêutico. Essa realidade torna necessária a existência de discussões acerca do tema, a fim de que os profissionais estejam mais bem preparados para lidar com esses aspectos inerentes ao ser humano. A seguir, traremos algumas pesquisas na temática da espiritualidade.

Pesquisas em espiritualidade

Com o movimento científico voltado para a apreciação das variáveis positivas, fazia-se necessária a utilização de instrumentos que pudessem embasar estudos empíricos envolvendo a espiritualidade e a Psicologia. A tentativa de maior repercussão desses recursos veio do grupo da Organização Mundial da Saúde, que pesquisa a qualidade de vida, responsável pelo instrumento mais utilizado atualmente nas pesquisas dessa temática, o WHOQOL. Já nas suas variações breves (WHOQOL-100 E WHOQOL-Bref), a espiritualidade é abordada, mas de maneira reduzida. Posteriormente, o grupo trabalhou em um instrumento que acessa os domínios da espiritualidade na qualidade de vida, o WHOQOL-SRPB (WHOQOL Group, 2006), recentemente validado para o Brasil (Panzini et al., 2011). Um grupo brasileiro vem trabalhando na validação da escala Spirituality Self Rating Scale (SSRS), que procura avaliar aspectos da espiritualidade dos sujeitos e como eles são aplicadas em suas vidas (Gonçalves & Pillon, 2009).

Uma temática em geral polêmica e relacionada à espiritualidade é a questão de como diferenciar experiências espirituais de sintomas psicóticos/dissociativos. Considerando essa dificuldade, Menezes Júnior e Moreira (2009) realizaram uma revisão sistemática a fim de identificar os critérios de maior concordância entre os autores. Por meio da revisão de 135 artigos no Pubmed, identificaram nove critérios que poderiam apontar para uma experiência não patológica, sendo eles: ausência de sofrimento psicológico, ausência de prejuízos sociais e ocupacionais, duração curta da experiência, atitude crítica (ter dúvidas sobre a realidade objetiva da vivência), compatibilidade com o grupo cultural ou religioso do paciente, ausência de comorbidades, controle sobre a experiência, crescimento pessoal ao longo do tempo e uma atitude de ajuda aos outros. Os autores ressaltam a falta de estudos controlados que testem esses critérios e sugerem cuidados que devem ser tomados em futuras pesquisas a fim de garantir sua validade. Estudos como este podem contribuir no âmbito da psicoterapia, assim como no da formação dos estudantes da área da saúde, pois, ao discutir os critérios que podem diferenciar a psicopatologia das experiências espirituais, legitima essas últimas.

Conforme relatado anteriormente, a questão da espiritualidade na Psicologia ainda tem muito a ser explorada, principalmente no sentido de permear a prática profissional. Cavalheiro (2010) relata que muitos estudos têm apontado a espiritualidade do psicólogo como menor do que a da população em geral. A fim de estudar essa temática em calouros e formandos em Psicologia, a autora realizou uma pesquisa com 1.064 estudantes de Psicologia, sendo 672 calouros e 392 formandos, de todas as universidades gaúchas com formandos no final de 2009. Dentre os resultados, encontrou-se que os formandos apresentam índices significativamente mais baixos de bem-estar espiritual quando comparados aos calouros, assim como revelam acreditar menos em Deus, força superior e/ou energia, confirmando que a formação em Psicologia provoca um declínio no bem-estar espiritual e no religioso dos estudantes. A autora refere a importância de se rever como a questão da espiritualidade tem sido abordada na formação, se está sendo negligenciada ou reprimida, o que se configura um problema sério, ao passo que a Psicologia, segundo Cavalheiro (2010), é uma área "que se propõe a entender o ser humano em sua completude" (p. 46).

Parece cada vez mais necessário o desenvolvimento de estudos que busquem compreender a espiritualidade no contexto dos profissionais da saúde, não apenas psicólogos, uma vez que todos trabalham com seres humanos, na sua maioria em sofrimento. Nesse sentido, é emergente que os profissionais valorizem e respeitem a espiritualidade de seus pacientes, reconhecendo seu fator protetivo, mesmo que isso não seja uma prática da sua vida pessoal.

Nesse contexto, Gastaud et al. (2006) realizaram um estudo com o objetivo de verificar se a atividade psicológica está associada a um reduzido bem-estar espiritual e se a relação entre saúde mental e religiosidade sugerida na literatura se estende aos alunos do curso de Psicologia da Universidade Católica de Pelotas (RS). Para isso, foram entrevistados todos os alunos desse curso no ano de 2002 (n=351). Os resultados demonstram que os estudantes de Psicologia com transtornos psiquiátricos menores apresentam mais chances de obter pontuações baixas na escala de bem-estar espiritual. Além disso, dados anteriores desses autores relatam confirmar a hipótese de que os estudantes de Psicologia obteriam menores escores de bem-estar espiritual do que acadêmicos do Direito e da Medicina. Os autores revelam preocupação com alguns achados, como o de que o significado da vida e da razão de viver são percebidos como menos satisfatórios pelos estudantes de Psicologia do que pelos demais estudantes, e que aqueles justamente deveriam ser os mais voltados para essas questões, tanto para si mesmos como para seus pacientes.

Ampliando-se a questão da espiritualidade em outras áreas de atuação em saúde, nesse caso a enfermagem, pode-se referir o estudo de Batista (2007). A autora discute a complexidade do trabalho dos profissionais de saúde no contato direto com os usuários das Unidades Básicas de Saúde, pois acabam inseridos nos contextos físico e cultural deles, o que os desafia a trabalhar a educação em saúde, pois o modelo da biomedicina de modificar a dinâmica do adoecimento e da cura não é mais suficiente. A educação popular em saúde nesse contexto trabalha, ainda de acordo com Batista (2007), "com o universo de significados, de crenças, de valores, apreendidos na comunidade, como também convivem com a espiritualidade e a religiosidade que fazem parte da população" (p. 7). Ao refletir sobre a importância da espiritualidade na prática de cuidado ao usuário do Programa de Saúde da Família-PSF, a autora afirma que a valorização da espiritualidade no cuidar está em construção e que as academias deveriam priorizar essa temática para mais bem preparar os profissionais.

Conforme já referido neste capítulo, a espiritualidade tem sido estudada em diferentes contextos em saúde. Lucchetti, Almeida e Granero (2010) buscaram identificar a relação entre espiritualidade, religiosidade e saúde em pacientes em diálise, realizando uma revisão de literatura em quatro bases de dados. De acordo com esses autores (2010), foi encontrada uma relação entre "maior espiritualidade e maior religiosidade com melhor qualidade de vida, menor prevalência de depressão, maior suporte social, mais satisfação com a vida e mais satisfação com o tratamento médico provido pelo nefrologista" (p. 128). Também se verificou que a espiritualidade serviu como um fator de enfrentamento tanto para os familiares quanto para os próprios pacientes.

Desse modo, percebe-se que a espiritualidade vem ganhando espaço por meio de estudos relacionando-a com a saúde, em diversas subáreas. Com o objetivo de apresentar evidências de como a religiosidade e a espiritualidade podem interferir nas práticas de saúde, no desempenho acadêmico, na abstinência de drogas e redução ou no abandono do uso de substâncias, Abdala, Rodrigues, Brasil e Torres (2009) realizaram um estudo exploratório, de corte transversal, com 233 alunos universitários das Faculdades Adventistas da Bahia, em Cachoeira/BA, e encontraram que a maioria (79,8%) relatou forte convicção de que as crenças ajudam na abstinência de drogas, e 90,4% creem que o fator religiosidade/espiritualidade ajuda no abandono ou na redução do uso de drogas.

Os autores (2009) afirmam que a religiosidade e a espiritualidade são um fator de proteção contra o uso e o abuso de substâncias, "configurando-se como uma alternativa complementar para a solução de problemas de saúde pública no Brasil" (p. 458). Embora existam diversos estudos que mostrem a importância da espiritualidade nos tratamentos de saúde, o que se observa na troca com muitos profissionais, e até mesmo em muitos protocolos de tratamento, é que essa variável não tem sido compreendida e tampouco trabalhada.

A fim de responder à questão norteadora "Quais são os significados dados à espiritualidade pelos pacientes oncológicos adultos, pelos enfermeiros e pela família e quais são as suas práticas no contexto dos cuidados paliativos?", Silva (2010) desenvolveu uma revisão integrativa de pesquisa. Por meio da análise de onze artigos, encontrou que, para os pacientes, a espiritualidade relaciona-se com fonte de conforto, crença em Deus, força, fé, fonte de enfrentamento, crença num poder superior e guia de conduta para a vida. Suas práticas são desveladas em ir à igreja, oração/reza, apoio dos outros, leitura de escrituras sagradas, meditação, visita de religioso e uso de imagens/objetos. Para os enfermeiros, a espiritualidade está relacionada à fonte de conforto, ao sentido e propósito de vida, à transcendência, à fonte de enfrentamento, à essência do ser, à conexão, à força, à esperança, à crença em Deus, à crença num poder superior, à fé, à religião e à capacidade de saber ouvir. Em relação às ações, encontrou-se em: estar presente, incentivo e oportunidade às crenças, oração/reza, relacionamentos (consigo, com os outros e com o Universo), visita de religioso, cuidados de enfermagem de excelência, meditação, exercícios de caridade, abordagem de questões sobre a morte e apreciação de músicas religiosas ou seculares. Já para as famílias, encontraram-se os seguintes significados de espiritualidade: fonte de cura e manutenção da saúde, fontes de enfrentamento e de conforto, e, como práticas, o exercício da caridade, ir à igreja e a oração/reza. O autor refere ainda que a espiritualidade pode auxiliar no enfrentamento mais tranquilo dos pacientes, dos familiares e dos profissionais da saúde no processo de terminalidade. O que se observa na prática clínica com alguns pacientes é um reencontro com a espiritualidade frente ao adoecimento, pois a doença pode se configurar uma oportunidade de reencontro dele consigo mesmo.

Também estudando pacientes com câncer, Fornazari e Ferreira (2010) realizaram uma pesquisa qualitativa por meio de entrevistas com dez pacientes oncológicos, com entre 25 e 55 anos, numa instituição especializada. O objetivo geral do estudo era investigar o enfrentamento religioso em pacientes oncológicos. As autoras referem que, nos relatos verbais de todos os pacientes, apareceram conteúdos de religiosidade/espiritualidade, demonstrando que o enfrentamento religioso pode ser uma estratégia de redução de estresse e melhoria da qualidade de vida no contexto da doença e da possibilidade de morte. As autoras salientam, ainda, que a questão de respeitar e considerar a crença do indivíduo também contribui para uma melhor relação entre a equipe/profissional e o paciente.

Esse olhar para a individualidade de cada paciente também fica evidenciado num estudo qualitativo sobre a vivência dos portadores do vírus hepatite C com relação à infecção e às suas consequências. Nas categorias emergentes a partir da análise de conteúdo temático, surgiu a fé como força motivadora (Sousa & Cruvinel, 2008). Os autores relatam que, apesar de todas as dificuldades com as quais esses pacientes deparam na convivência da doença, e que potencializam o seu sofrimento, eles encontram na fé motivação e razão de existir. Mais uma vez, a espiritualidade aparece como potencializadora do sentido da vida.

Conforme pode ser visto, a espiritualidade tem sido relacionada a aspectos positivos da vida e à dor humana, assim como a resiliência. Nesse sentido, Silva e Alves (2007) realizaram uma pesquisa qualitativa para identificar expressões da resiliência em idosos, entendendo como eles fizeram para superar adversidades da vida e manter o senso de integridade. Dentre os resultados, os autores (2007) encontraram que "a espiritualidade revelou-se um forte indicador de resiliência na superação das adversidades, como capacidade de encontrar significado na vida a partir da fé" (p. 207).

Considerações finais

Estamos em passos iniciais para o progresso da compreensão humana em suas potencialidades e, assim como tivemos um evidente progresso nos aspectos psicopatológicos, tais como a nosologia apurada de algumas doenças e formas de tratamento cada vez mais eficazes, urge que trabalhemos para uma compreensão mais abrangente do ser humano que realmente somos, um ser com potencialidades, ativo e participativo no processo da vida e, sobretudo, com suas crenças individuais, dentro de seu próprio e único contexto.

Estamos falando sobre questões imanentemente humanas, de crucial importância pessoal para os sujeitos, as quais não podem ser relegadas. Atualmente, já existe um corpo teórico suficiente para embasar a importância de trazermos a temática da espiritualidade para discussão na academia e para capacitação dos profissionais que já enfrentam alguns dilemas em suas práticas. Indo além, acreditamos que a relevância dessa temática deve ser parte central para a prática clínica.

A questão de a formação em Psicologia declinar as questões espirituais é preocupante, apontando para uma possível mecanização do ser humano, em detrimento de uma visão mais integral de pessoa ao longo da formação. Além disso, o fato de diferentes áreas da saúde buscarem compreender a relação entre saúde e espiritualidade demonstra um reconhecimento da importância dessa dimensão na vida humana e no processo de saúde e doença.

Referências bibliográficas

Abdala, G. A., Rodrigues, W. G., Brasil, M. S., & Torres, A. (2009). Religiosidade/espiritualidade como influência positiva na abstinência, redução e/ou abandono do uso de drogas. *Revista das Faculdades Adventistas da Bahia, Formadores: vivências e estudos, 2*(3).

Alves, R. R. N., Alves, H. N., Barboza, R. R. D., & Souto, W. M. S. (2010). The Influence of Religiosity on Health. *Ciência e Saúde Coletiva, 15*(4), 2105-2111.

Ancona-Lopez, M. (2005). A espiritualidade e os psicólogos. In: Amatuzzi, M. M. (Org.). *Psicologia e espiritualidade* (pp. 147-160). São Paulo: Paulus.

Barbosa, G. S. (2006). *Resiliência em professores do ensino fundamental de 5ª a 8ª série: validação e aplicação do questionário do índice de resiliência: Adultos Reivich-Shatté/Barbosa.* Tese de Doutorado em Psicologia Clínica, Pontifícia Universidade Católica de São Paulo, São Paulo.

Batista, P. S. S. (2007, jan./jun.). A Espiritualidade na prática do cuidar do usuário do Programa Saúde da Família, com ênfase na educação popular em saúde. *Revista APS, 10*(1), 74-80.

Calvetti, P. U., Müller, M. C., & Nunes, M. L. T. (2007). Psicologia da Saúde e Psicologia Positiva: Perspectivas e Desafios. *Psicologia Ciência e Profissão, 27*(4), 706-717.

Cavalcanti, R. (2005). *O Retorno do Sagrado: a reconciliação entre a ciência e a espiritualidade.* São Paulo: Cultrix.

Cavalheiro, C. M. F. (2010). *Espiritualidade na clínica psicológica: um olhar sobre a formação acadêmica no Rio Grande do Sul.* Dissertação de Mestrado, Universidade do Vale do Rio dos Sinos.

Diener, E. (2000). Subjective well-being: The Science of happiness and a proposal for a national index. *American Psychologist, 55*(1), 34-43.

Farris, J. R. (2005). Aconselhamento psicológico e espiritualidade. In: Amatuzzi, M. M. (Org.). *Psicologia e espiritualidade* (pp. 161-172). São Paulo: Paulus.

Fornazari, S. A., Ferreira, R. E. R. (2010, abr./jun.). Religiosidade/Espiritualidade em Pacientes Oncológicos:Qualidade de Vida e Saúde. *Psicologia: Teoria e Pesquisa, 26*(2), 265-272.

Frankl, V. E. (1984). *Em Busca de Sentido:* Um Psicólogo no Campo de Concentração.

Gastaud, M. B. et al. (2006, jan./abr.). Bem-estar espiritual e transtornos psiquiátricos menores em estudantes de Psicologia: estudo transversal. *Revista de Psiquiatria do Rio Grande do Sul, 28*(1),12-18.

Gonçalves, A. M. S., & Pillon, S. C. (2009). Adaptação transcultural e avaliação da consistência interna da versão em português da Spirituality Self Rating Scale. *Revista de Psiquiatria Clínica, 36*(1), 10-15.

Kaptein, A., & Weinman, J. (2004). *Health Psychology*. Oxford: Blackwell Publishing.

Koenig, H. G., & Cohen, H. J. (2002). *The Link Between Religion and Health*. New York: Oxford Press.

Kovács, M. J. (2007). Espiritualidade e psicologia - cuidados compartilhados. *O Mundo da Saúde,* 31, 246-255.

Krageloh, C. U., Chai, P. P., Shepherd, D., & Billington, R. (no prelo). How Religious Coping is used Relative to Other Coping Strategies Depends on the Individual Level of Religiosity and Spirituality. *Journal of Religion and Health*.

Lucchetti, G., Almeida, L. G. C., & Granero, A. L. (2010). Espiritualidade no paciente em diálise: o nefrologista deve abordar? *Jornal Brasileiro de Nefrologia, 32*(1), 128-132.

Luciano, C., Páez-Blarrina, M., & Valdivia, S. (2006). Una reflexión sobre la Psicología Positiva e la Terapia de Aceptación y Compromiso. *Clinica y Salud, 17*(3), 339-356.

Martínez, M. L. M. (2006). El estúdio científico de las fortalezas transcendentales desde la Psicología Positiva. *Clínica y Salud, 17*(3), 245-258.

Marujo, H. A., Neto, L. M., & Caetano, A. (2007). Revolução Positiva: Psicologia Positiva e práticas apreciativas em contextos organizacionais. *Comportamento Organizacional e Gestão, 13*(1), 115-136.

Menezes Júnior, A., Moreira, A. A. (2009). O diagnóstico diferencial entre experiências espirituais e transtornos mentais de conteúdo religioso. *Revista de Psiquiatria Clínica, 36*(2), 75-82.

Paludo, S. S., Koller, S. H. (2007). Psicologia Positiva: uma nova abordagem para antigas questões. *Paidéia, 17*(36), 9-20.

Panzini, R. G., Maganha, C., Rocha, N. S., Bandeira, D. R., & Fleck, M. P. (2011). Validação brasileira do Instrumento de Qualidade de Vida/espiritualid*ade, religião e crenças pessoais. Revista de Saúde Pública, 45*(1), 143-155.

Passareli, P. M., & Silva, J. A. (2007). Psicologia Positiva e o estudo do bem--estar subjetivo. *Estudos de Psicologia-Campinas, 24(*4), 513-517.

Peres, J. F. P., Simão, M. J. P., & Nasillo, A. G. (2007). Espiritualidade, religiosidade e psicoterapia. *Revista de Psiquiatria Clínica, 34* (supl. 1), 136-145.

Sarafino, E. (2008). *Health Psychology– biopsychosocial interactions.* Hoboken: John Wiley & Sons.

Seligman, M. E. P., & Csikszentmihaly, M. (2000). Positive Psychology: an Introduction. *American Psychologist, 55*(1), 5-14.

Seligman, M. E. P. (2004). *Felicidade Autêntica: usando a nova psicologia positiva para a realização permanente.* Rio de Janeiro: Objetiva.

Seligman, M. E. P., Steen, T. A., Park, N., & Peterson, C. (2005). Positive Psychology progress: empirical validation of interventions. *American Psychologist, 60*(5), 410-421.

Silva, A. I., Alves, V. P. (2007). Envelhecimento: Resiliência e Espiritualidade. *Diálogos possíveis,* 189-209.

Silva, D. I. S. (2010). *Significados e práticas da espiritualidade para pacientes oncológicos adultos, enfermeiros e família no contexto de cuidados paliativos: uma revisão integrativa.* Trabalho de conclusão de curso, Universidade Federal do Rio Grande do Sul.

Siqueira, M. M. M., & Padovam, V. A. P. (2008). Bases Teóricas de Bem-Estar Subjetivo, Bem-Estar Psicológico e Bem-Estar no Trabalho. *Psicologia: Teoria e Pesquisa, 24*(2), 201-209.

Snyder, C. R., & Lopez, S. J. (2009). *Psicologia Positiva.* Porto Alegre: Artes Médicas.

Sousa, V. V., Cruvinel, K. P. S. (2008, out./dez.). Ser portador de hepatite c: sentimentos e expectativas. *Revista Texto & Contexto Enfermagem (Florianópolis), 17*(4), 689-95.

Teixeira, E. B., Muller, M. C., & Silva, J. T. (2004). *Espiritualidade e Qualidade de Vida*. Porto Alegre: EDIPUCRS.

Valle, J. E. R. (2005). Religião e espiritualidade: um olhar psicológico. In: Amatuzzi, M. M. (Org.). *Psicologia e espiritualidade* (pp. 83-108). São Paulo: Paulus.

WHOQOL SRPB Group (2006). A cross-cultural study of spirituality, religion, and personal beliefs as components of quality of life. *Social Science and Medicine, 62,* 1486-1497.

Yunes, M. A. M. (2003). Psicologia Positiva e Resiliência: O Foco no Indivíduo e na Família. *Psicologia em Estudo*, número especial, 75-84.

UMA VISÃO DA ESPIRITUALIDADE NA PSICOCARDIOLOGIA

Conceição Maria de Lemos e Rosa Cecilia Pietrobon

A SIMBOLOGIA DO CORAÇÃO

A psicocardiologia, área da psicologia da saúde, investiga e trata os fatores de riscos psicológicos que favorecem o surgimento e o desenvolvimento da enfermidade cardiovascular. Sendo a saúde considerada um processo dinâmico de desenvolvimento em quatro níveis: físico, psíquico, social e espiritual, precisamos considerar também a ansiedade, a depressão, a negação da enfermidade, o medo da morte como emoções negativas associadas ao desenvolvimento da doença, segundo Laham (2006).

A origem dessa nova disciplina está baseada numa série de estudos realizados a partir da década de 1950, quando apontavam que a hipertensão arterial, a obesidade, o sedentarismo, a história familiar de doença vascular, a diabetes *mellitus,* os hábitos tabágicos, o consumo de álcool e os fatores hematológicos pareciam indicar fatores de risco das doenças cardíacas.

Assim, frente à necessidade de compreender esses tipos de patologia e intervir sobre eles, incentivado pela influência multidisciplinar do modelo psicossocial e agregado ao estudo do papel e das relações entre os fatores psicossociais de risco (estresse, *coping,* padrão de comportamento tipo A, depressão) com a doença arterial coronariana DAC, construiu-se, aos poucos, uma área de investigação denominada de psicocardiologia.

O conceito de fator de risco surgiu dos vários estudos epidemiológicos (*Western Collaborative Group Study*, o *Multiple Risk Factor* **Intervention Trial**, o *Review Panel on Coronary-Prone Behavior and Coronary Heart Disease* e o *Framingham Heart Study*) desenvolvidos na área da psicocardiologia.

Tais estudos conceituaram que a psicocardiologia é o resultado dinâmico entre Psicologia e Cardiologia. Esse processo se sustenta pela relação dinâmica corpo-mente e é marcado por um momento histórico em que se iniciou a ruptura com o modelo cartesiano, especialista, abrindo caminho para se questionar e investigar o ser humano de uma maneira mais integral, no que se refere à psique e ao corpo físico, e, portanto, pensar no homem biopsicossocial espiritual. Falar do corpo e da mente nos remete à História do Homem, como evidencia a filosofia.

A simbologia foi criada pelo homem, no momento em que sentiu a necessidade de expressar, por meio de objetos ou de formas, sua religião ou sua arte visual. O homem sempre teve a necessidade de criar símbolos, transformando suas representações interiores em objetos que passassem a fazer parte de sua religião ou de sua arte visual, contribuindo, assim, com o entendimento do mundo que nos cerca.

Muito antes da descoberta da bomba impulsionadora do sangue, o coração foi visto como centro da vida, símbolo universalmente da coragem e da razão. A partir dessas considerações, começou a despertar a curiosidade de historiadores sobre essas simbologias, mas não comparando com o coração anatômico. Alguns diziam que sua origem estava na folha da era que representava o símbolo da imortalidade e do poder.

Plutarco (46-129 d.C.), citado na obra de Ísis e Osíris, no Egito, comparava a forma do pessegueiro à do coração e dizia que essa fruta, pela seu formato, era dedicada a esses deuses (Vinken, 2000). Para Nager (1993), Boyadjian (1980) e Acierno (1994), a origem da palavra coração advém do grego e do latim "cor", e ambas se originam do sânscrito kurd, cujo significado é saltar. Na época dos babilônios, aqueles que praticavam o estudo do coração não diferenciavam as artérias das veias; a divisão baseava-se em no sangue arterial como "sangue do dia", e no sangue venoso como "sangue da noite" (Acierno, 1994). Um papiro descoberto em Tebas por Edwin Smith, o qual leva o seu nome, é atribuído a Imhotep, considerado o primeiro médico conhecido na história, no período de 3000-2500 a.C. Esse papiro descreve o coração como o centro de um sistema de vasos que se estendiam para a periferia, sem mencionar o que distribuíam, e, além disso, relacionava o pulso com a função do coração (Acierno, 1994). Baseado na cultura dos babilônios e dos egípcios, os gregos, em seguida, tornaram-se independentes no seu conhecimento que tratava as doenças, separando-as dos aspectos mágicos e religiosos presentes em seus tratamentos.

A escola hipocrática (400 a.C.) faz referência ao coração, comparando-o a uma massa muscular firme ricamente suprida por fluidos. Sua forma é semelhante a uma pirâmide envolta por uma membrana em que está depositada uma pequena quantidade de líquido semelhante à urina. Encontram-se cavidades.

A partir de 1500, registra-se grande progresso no conhecimento anatômico, o qual levou à aceitação da indentação e da forma convexa do símbolo. Além disso, aparece, também, atravessado pela flecha de Cupido, abrangendo sua representação e simbolizando também o amor (Boyadjian, 1980).

Para Aristóteles, o coração era a sede da alma, quer como fonte de calor ínsito, quer como produtor do sangue. Como resultado de suas investigações em embriologia, concluiu que o "coração é o primeiro a viver e o último a morrer". Segundo Anaxímenes de Mileto (550-480 a.C.), o ar ou pneuma era considerado a essência de todas as coisas, na medida em que estava ligado a uma entidade essencial à vida. Segundo Gottchall (2005), o pneuma – respiração e expiração em todas as culturas antigas – está ligado à ideia de sopro ("sopro de vida", "último sopro").

Hipócrates, por sua vez, não apenas considerava o coração a origem do calor animal, sede de um fogo inato, como também referia que o objetivo da respiração era esfriá-lo; logo, considerava o coração a sede da alma: afirmava que a raiva o contraía e aumentava o calor, levando os fluidos para a cabeça, enquanto uma mente tranquila expandia o coração. Além disso, salientava que o coração era um órgão tão nobre e essencial que não podia adoecer, pois isso seria incompatível à vida. Desse modo, observa-se como o coração adquiriu o significado de órgão da vida, do amor, das emoções.

Com o Cristianismo, o coração e seu símbolo passam a ter um novo significado. O ápice desse momento ocorre com o culto ao Sagrado Coração de Jesus ligado ao calvário, quando o centurião romano atravessa o tórax de Cristo na cruz com uma lança. São João explica essa ferida como o coração trespassado de Jesus, o Salvador, que derramou seu sangue pela salvação dos homens. Para os primeiros cristãos, o Coração de Jesus se tornou o símbolo da bondade e da caridade cristã, segundo Boyadjian (1980). Inicialmente, foi realizada uma analogia da forma arredondada do coração com a figura do pêssego, num trabalho de anatomia escrito por Vigevano, em 1347 (Vinken, 2000), período em que aparece, pela primeira vez, a forma atual do órgão, representado por uma ranhadura ou inadentação na parte superior.

A partir do século XVII, instaura-se o modelo que não apenas criou a dicotomia mente e corpo, mas também considerou o conhecimento adquirido a única realidade, cuja influência permanece até os dias atuais. Gottschall (2005) faz referência à comparação do funcionamento fisiológico do ser humano como "uma máquina feita por Deus"[1], a qual se assemelhava ao funcionamento de um relógio. O homem passa a ser visto em partes quantificáveis e científicas, e os aspectos não mensuráveis passam a fazer parte de um mundo menor e, logo, não considerado.

Em contrapartida, em pleno século XXI, a doença continua sendo estudada e entendida apenas por seu aspecto anatômico, clínico e sintomatológico. Podemos parar, pensar e questionar o que mudou? Será que a ciência não deveria impor-se limites em vez de abrir a porta à sabedoria sem limites?

AS DOENÇAS CARDIOVASCULARES E ESPIRITUALIDADE

Para Saad et al. (2001), as doenças cardiovasculares (DCV's) são responsáveis por 18 milhões de mortes por ano, no mundo. No Brasil, o número chega a 33% dos óbitos por causas conhecidas, além de ser, também, o principal motivo de hospitalização no setor público entre 1996 e 1999, para indivíduos com idade entre quarenta e 59 anos (17%) e para sessenta ou mais anos (29%).

Entre as doenças cardiovasculares, o infarto do miocárdio destaca-se como a patologia com maior índice de mortalidade, segundo Caramelli B.

---

[1] Sopro da alma e a Bomba da Vida Fevereiro, 2000; Editora Age LTDA, Página 94.

(2001). O Infarto Agudo do Miocárdio (IAM) foi considerado, nos primórdios do século XX, uma situação clínica de alta gravidade (geralmente de origem aterosclerótica), determinada por um processo isquêmico agudo, além de suficientemente demorada para gerar a morte celular, ou seja, a necrose miocárdica.

As estatísticas relacionadas à enfermidade coronariana apontam para a necessidade de pensarmos nos fatores que podem levar ao surgimento e ao desenvolvimento da enfermidade cardíaca, bem como de que forma preveni-la e tratá-la. Esses são os objetivos da psicocardiologia.

Segundo pesquisas empíricas atuais, as variáveis psicológicas podem influenciar na imunidade, contribuindo para o surgimento e para o progresso das doenças. O que não ficava claro até um passado recente eram os mecanismos e a magnitude pelos quais esse tipo de influência emocional afetava a susceptibilidade do corpo para o desenvolvimento de certas patologias, nem o quanto esta relação estava mediada por fatores ambientais e psicossociais. Com o advento da psiconeuroimunologia, esses aspectos começaram a ter outros significados além dos fatores sociais (rede de apoio, família, trabalho, etc.) e comportamentais (estilo de vida, coping, resiliência, etc.); as pesquisas em psiconeuroimunologia (PNI) comprovam que, em seres humanos, mudanças no funcionamento fisiológico decorrentes das emoções alteram determinados marcadores dos sistemas nervoso, endócrino e imunológico, principalmente os implicados no estresse. Os primeiros estudos em PNI surgiram após os experimentos realizados por Cannon e Hans Selye e se intensificaram nas décadas de 1950 a 1980. Nesse período, os estudos envolviam, em sua maioria, a investigação das mudanças fisiológicas decorrentes da adaptação do organismo frente às situações de estresse – homeostase (Dubourdieu Margarita, 2008) e a correlação de certos tipos de personalidade com a susceptibilidade a certas doenças.

Iniciaram-se também nesse período os primeiros estudos da Personalidade tipo A, que caracteriza o paciente cardíaco, e tem como perfil a hostilidade reprimida (não discutindo ou mostrando a raiva) e a incidência de cardiopatias.

A metodologia utilizada em PNI deve contribuir ainda mais para o gerenciamento das doenças coronarianas já estabelecidas e também para a prevenção dos fatores de risco dessas doenças. De acordo com Irwin (2008), uma interação entre sintomas depressivos e a proteína C reativa

(PRC) prediz a ocorrência de eventos cardíacos. Outro foco nas pesquisas envolvendo PNI e as cardiopatias tem sido o estudo da correlação entre os processos inflamatórios e fatores psicossociais.

No final dos anos 1980 e durante a década de 1990, surgiram inúmeros estudos científicos relacionados com a saúde no que diz respeito à prevenção e à promoção dela.

Segundo os estudos de Jonhson (2002), a mera divisão entre "saúde mental" e "saúde física" tornou-se artificial. Já Monitor (2002) refere que todos os aspectos que dizem respeito à saúde têm um componente psicológico significativo. Dessa forma, para todos os lados que olharmos, podemos assinalar a integração corpo-mente, e, ela assinalada pela pesquisa psicológica.

Nesse sentido, a pesquisa psicológica demonstra que a espiritualidade pode promover efeitos positivos na saúde do paciente com enfermidade coronariana, em relação à promoção da saúde, à prevenção primária, à prevenção secundária, bem como na reabilitação de pacientes coronarianos. Isso nos leva a pensar que é necessário refletir sobre a espiritualidade relacionada à psicocardiologia, visando a melhorar nossas intervenções terapêuticas, considerando o homem na sua integralidade biopsicossocial e espiritual.

Muitos autores, estudiosos e cientistas já expressaram suas diferentes teorias sobre este tema tão instigante: a espiritualidade. Assim, pensando na compreensão do conceito de espiritualidade, é importante considerar o que refere Lemos (2010) em seus grupos de estudo sobre a espiritualidade: uma caminhada de vida, na qual o ser humano busca entender o sentido da sua vida, da doença ou da crise e o sentido dela em sua vida. Para esta autora, existe um significado diferente para Espiritualização e Espiritualidade, na medida em que se observa que muitas pessoas frequentadoras de instituições religiosas apresentam apenas espiritualização, e não espiritualidade, uma vez que a verdadeira espiritualidade funciona em todos os momentos da vida diária, e não apenas naqueles em que há frequência à instituição religiosa. Espiritualidade é uma caminhada feita pela pessoa, numa busca consigo, com um entendimento de vida; é uma busca de valores, podendo levar ao sagrado e à divindade, e, assim, os obstáculos passam a representar oportunidades de aprendizagem para a superação das crises e para o crescimento humano. Essa caminhada conduz à transformação e à construção constantes, as quais a acompanham até o final da vida e que são baseadas numa dinâmica de questionamento pessoal.

O ser humano deve ser pensado na sua integralidade, somando cuidados físicos, psicoemocionais e espirituais como proteção à enfermidade coronariana. Para Durgante (2008), a questão emocional, a qualidade nos relacionamentos e a espiritualidade bem praticada são comprovadamente eficazes para a saúde cardíaca.

Segundo Prado, Rodrigues e Pereira (2008), a realização de estudos considerando a importância da espiritualidade provoca uma revolução no curso de medicina, a qual possivelmente mudará a forma de tratar o paciente, na medida em que equipes multiprofissionais e instituições hospitalares do mundo todo começam a incluir nas suas rotinas, de maneira sistemática e definitiva, a prática de estimular nos pacientes o fortalecimento da esperança, do otimismo, do bom humor e da espiritualidade. Esses autores defendem que o objetivo de tais mudanças é simples, pois visa a despertar ou a fortificar nos indivíduos condições emocionais positivas, já abalizadas pela ciência como recursos eficazes no combate a doenças. Esses elementos funcionariam, na verdade, como remédios para a alma – mas com repercussões benéficas para o corpo.

Rosa (2008) propõe que a definição de espiritualidade pode compreender pelo menos três dimensões distintas: espiritualidade como sinônimo de participação em instituição religiosa; espiritualidade individual, percebida como movimento ou disposição interna de valores éticos e morais próprios, e, por último, a espiritualidade como crença integrativa, conferindo sentido e significado à existência humana. A questão da espiritualidade é muito ampla, com sua mensuração revelando-se complexa e com o bem-estar espiritual sendo um aspecto passível de avaliação. Bem-estar espiritual significa em que medida a pessoa está aberta à dimensão espiritual e a integra com outras dimensões da vida.

Para Lawler e Younger (2002), a espiritualidade e o envolvimento em religiões organizadas podem proporcionar aumento do senso de propósito e significado da vida, que são associados a uma maior resiliência e à resistência ao estresse relacionado às doenças.

Segundo Larson, Swyers e McCullough (1998), o uso do termo espiritualidade diferenciado de religião e religiosidade é recente. Desse modo, a religiosidade incluiria as crenças pessoais, tais como crença em um Deus ou em poder superior, assim como crenças e práticas institucionais, como pertencer a instituições religiosas, frequentar a cultos e estar compromissado com um sistema doutrinário de uma igreja ou de uma religião organizada.

Na visão de Saad e et al. (2001), Volcan (2003), Powell et al. (2003), a espiritualidade se relaciona com perguntas que nos fazemos e que podem nos levar a uma reflexão sobre o significado e o propósito da vida.

Para Williams e Sternthal (2007), um dos maiores desafios está em definir e avaliar a espiritualidade distinta da religião. Um inquérito nacional realizado nos EUA destacou a sobreposição entre os dois conceitos. Verificou-se que cerca de metade dos adultos americanos (52%) classificaram-se como religiosos e espiritualizados, 10%, apenas espiritualizados, 9%, apenas religiosos, e 29% como nem religiosos, nem espiritualizados.

Como explicitado por Dalgalarrondo (2008), o termo espiritualidade tem sido mais utilizado como um constructo com dimensão mais pessoal e existencial, tais como a crença ou a relação com uma divindade ou com um poder superior. Esses constructos são fundamentais para a obtenção de sentido e objetivos na vida, incluindo aí dimensões como ter esperança e ser otimista em relação ao futuro.

Alguns autores como Unruh, Versnel e Kerr (2002) examinaram o conceito de espiritualidade utilizado em pesquisas de saúde e salientaram que, na maioria das definições de espiritualidade, há noções de crença em um poder superior ou em uma realidade suprassensível, além de uma busca individual do sagrado.

A busca do sentido e do significado da vida é uma das necessidades fundamentais do ser humano, a qual o distingue, até onde sabemos, das demais espécies. O ser humano é um ser em relação: consigo mesmo, com seus semelhantes, com a natureza, com a divindade. No fundo, a espiritualidade sempre se relaciona com o transcender a si mesmo e, para que isso ocorra, é preciso entrar em relação. Assim, a pessoa espiritualizada sabe que não está só no universo e que não pode encontrar-se a si mesma, alcançando sua própria plenitude, sem estar em relação com outros seres humanos e com outras criaturas. E a experiência de sentido mais profundo é o amor (de uma pessoa, de uma comunidade, de um ideal, da divindade), e este é certamente uma relação, segundo Salgueiro (2007).

Pensamos que o autor diz ser a espiritualidade um aprofundamento da relação de amor do ser humano com o outro, com a natureza, com a divindade e, dessa forma, responsável por melhorar a relação com o outro e com o meio ambiente que o cerca. As perguntas que nos fazemos mediante reflexão podem auxiliar-nos a entender os sinais que recebemos, os quais, muitas vezes, passam despercebidos se não realizamos uma boa escuta sobre nós mesmos, o outro e o meio que nos cerca. De acordo com Mueller et al. (2001), ter qualidade de vida é conseguir equilibrar esses aspectos de forma que todos tenham importância e que cada ser humano entenda os fatos que lhe sucedem, assim como o significado destes nas suas vidas.

Considerando Saad et al. (2001) e Volcan (2003), a espiritualidade pode ser definida como uma propensão humana a buscar significado para a vida por meio de conceitos que transcendem o tangível: um sentido de conexão com algo maior em si próprio, o qual pode ou não incluir uma participação religiosa formal. Para Fleck et al.(2003), podemos pensar que a espiritualidade questiona o significado da vida e a razão para viver, não se limitando, portanto, a certos tipos de crenças ou práticas.

Em uma revisão com onze estudos sobre associações entre religião e espiritualidade e os traumas ou crises, Shaw et al. (2005) mostraram três principais achados: (1) a religião e a espiritualidade são geralmente benéficas nos tratamentos de saúde, embora não sempre; (2) as experiências de crise podem conduzir ao aprofundamento da religiosidade ou da espiritualidade; (3) o manejo religioso positivo, a abertura religiosa, a prontidão para enfrentar perguntas existenciais e a religiosidade intrínseca estiveram associados com a superação psicológica pós-trauma ou pós-crise.

Também Saad et al. revelam que, a partir de estudos e observações dos pacientes e da forma como estes se relacionam com a espiritualidade, evidencia-se que a ciência busca uma aproximação e uma melhor compreensão dos comportamentos humanos que contribuam para a promoção da saúde, da prevenção e da reabilitação da doença, pois existem evidências de que pessoas com a espiritualidade trabalhada e desenvolvida tendem a adoecer menos, buscam ter hábitos de vida mais saudáveis e, quando adoecem, desenvolvem menos depressão, recuperando-se mais rapidamente. Segundo esses autores, a espiritualidade colabora para a melhora da saúde graças a vários fatores. Há um melhor estado psicológico (por trazer esperança, perdão, altruísmo e amor) e, consequentemente, melhor estratégia para lidar com problemas e redução do estresse, o que gera equilíbrio das funções orgânicas controladas pelo sistema nervoso, como a produção de hormônios e a imunidade.

A doença cardíaca e as pesquisas em espiritualidade

A doença cardíaca afeta o corpo do indivíduo, a mente e o espírito. O impacto multidimensional da doença requer um cuidado integral que inclui a dimensão espiritual para auxiliar os pacientes a buscar a cura e a recuperação. Delaney C. et al. (2008), em estudo, procuraram examinar a influência de uma intervenção espiritual, além de revelarem, os resultados psicoespirituais em uma população cardíaca, confirmando que, em linhas gerais, a espiritualidade baseada em intervenções psicológicas tem como objetivo melhorar mente e organismo por meio da exploração de constructos como sentimento de significado, paz, fé, esperança, altruísmo, gratidão e perdão. Existem crescentes indícios quanto à viabilidade e à aceitabilidade da psicoespiritualidade em intervenções de revascularização do miocárdio (CABG) e para pacientes internados. Essas facetas do bem-estar espiritual podem ser reforçadas com a utilização de terapia cognitivo-comportamental, técnicas, criativas, artes, intervenções, revisão de vida, entrevistas e cuidados com utilização de técnicas de meditação.

Matthews DA et. al. referem que a literatura empírica, a partir de estudos epidemiológicos e clínicos sobre a relação entre os fatores religiosos, (por exemplo, a frequência ao ritual religioso, o envolvimento religioso privado, a confiança em suas crenças religiosas como uma fonte de força e de enfrentamento de problemas) e o estado de saúde física e mental nas áreas de prevenção, enfrentamento e recuperação das doenças,foi revisada. Foram usados estudos empíricos da literatura que continham pelo menos uma avaliação em relação ao compromisso dos sujeitos com cultos religiosos e pelo menos uma medida de seu estado de saúde física ou mental . Os dados levantados sugerem que o compromisso com os rituais religiosos pode desempenhar um papel benéfico na prevenção da doença mental e física, pode melhorar a forma como as pessoas lidam com a doença física e mental e podem facilitar a recuperação da doença. Os autores concluem que muito ainda precisa ser investigado através de estudos especialmente desenhados para investigar a ligação entre envolvimento religioso e estado de saúde. Segundo Matthews DA e cols., os dados disponíveis sugerem que os profissionais que abordam os compromissos religiosos dos seus pacientes na prática clínica podem melhorar os resultados de saúde.

Segundo Delaney C. et. al (2008) a doença cardíaca afeta o corpo, a mente e o espírito do indivíduo. O impacto multidimensional da doença requer um cuidado integral que inclui a dimensão espiritual para auxiliar os pacientes a buscar a cura e a recuperação. Os autores em seu estudo procuraram examinar a influência de uma intervenção espiritual em uma população cardíaca e sobre os resultados psico espirituais. Referem que em linhas gerais a espiritualidade baseada em intervenções psicológicas tem como objetivo melhorar mente e organismo através da exploração de constructos como sentimento de significado, paz, fé, esperança, altruísmo, gratidão e o perdão. Para os autores existem crescentes indícios quanto à viabilidade e a aceitabilidade da psico espiritualidade em intervenções de revascularização do miocárdio (CABG) e para pacientes internados. Estas facetas do bem-estar espiritual podem ser reforçadas com a utilização de terapia cognitivo-comportamental, de técnicas criativas de artes, intervenções e entrevistas com revisão de vida e cuidados com utilização de técnicas de meditação.

Entre os estudos científicos que relacionam espiritualidade e religiosidade com doença cardíaca podemos considerar que Hummer *et al.* (1999) foram os primeiros a demonstrar a correlação entre prática religiosa e redução da mortalidade por causa cardiovascular, mesmo após ajustes em análise multivariada para sexo, idade, educação, etnia e *status* social. Os autores desenvolveram o estudo com o objetivo de avaliar a associação entre os aspectos da religiosidade e mortalidade em uma população de adultos nos EUA, enfatizando a importância do atendimento religioso ao paciente e do respeito a todas as crenças por parte dos cuidadores dos pacientes. O atendimento religioso está associado nos EUA à mortalidade de adultos de forma gradual: pessoas que nunca se expuseram ao atendimento religioso tiveram 1,87 vezes maior risco de morte no período de nove anos de seguimento em comparação a pessoas que frequentam mais de uma vez por semana a instituição religiosa. Isto se traduz em uma diferença de sete anos na expectativa de vida, a cada 20 anos, entre aquelas pessoas que nunca assistem ao ritual religioso e aquelas que o assistem mais de uma vez por semana. Pessoas que não frequentam a igreja ou serviços religiosos também são mais propensas à morte. Todavia, a presença religiosa também funciona através do aumento de laços sociais e fatores comportamentais para diminuir os riscos de morte .

A insuficiência cardíaca é uma doença crônica e progressiva caracterizada por graves sintomas, frequente hospitalização e um mau prognóstico, o que pode ameaçar o sentido de vida de cada indivíduo e conduzir a questões relacionadas com espiritualidade, uma vez que, para muitas pessoas, as necessidades espirituais não são expressas na linguagem da religião, mas em termos da necessidade de manter um senso de autoestima, de ter um papel útil na vida, mantendo um papel ativo com a família e os amigos. A perspectiva da morte pode levar a um nível mais profundo de questionamento e perdão à procura de sentido, e, por vezes, isso pode ser uma luta solitária em curso há meses, escondida dos profissionais de saúde e até mesmo da família imediata. Os profissionais de saúde podem ser cuidadosos de tomar a iniciativa de explorar essas questões, e, na verdade, há alguma evidência de que os profissionais às vezes podem inadvertidamente contribuir para sentimentos de inutilidade e perda de dignidade, em alguns pacientes. Entretanto, o tempo adequado e o uso de habilidades de escuta sensível, como empatia e perguntas abertas, podem criar condições em que os pacientes e cuidadores se sintam capazes de discutir seus medos e suas esperanças, se assim o desejarem. Avaliação e intervenções que incluam a dimensão espiritual, segundo Westlake e Dracup (2001), podem facilitar a adaptação dos pacientes à insuficiência cardíaca avançada.

Blumenthal et al. (2007) avaliaram a potencial relação entre experiências espirituais e de saúde em uma amostra de pacientes que sobreviveram a um IAM com depressão ou baixo apoio social (2.481). O subgrupo (503) que participava de um programa de reabilitação da doença arterial coronariana (com risco aumentado ou com baixo apoio social) foram randomizados para receber uma intervenção psicossocial de cuidado especial ou normal. Foram avaliados através de questionário sobre atitudes religiosas, práticas e crenças desenvolvidas para o estudo ENRICHD e adaptado a partir da Experiência Espiritual Diária (DSE), 28 dias a contar da data do seu IAM. O questionário avaliou três variáveis: espiritualidade, atendimento, culto, serviço, igreja, oração e meditação, pontuação DSE total. Os pacientes responderam também ao Inventário de Depressão de Beck para avaliar os sintomas depressivos e o Inventário de Suporte Social ENRICHD para determinar a percepção de apoio social. A amostra foi posteriormente seguida prospectivamente a cada 6 meses por uma média de 18 meses para avaliar todas as causas de mortalidade e reinfarto. Dos 503 participantes que completaram o questionário DSE no momento do IAM índice, 61 (12%) participantes morreram ou sofreram um IAM durante o período de seguimento. Após ajuste para sexo, nível de escolaridade, etnia e um escore de risco comprovado com origem de prognóstico médico especificamente para o julgamento ENRICHD, não foi observada nenhuma relação entre a morte ou IAM não fatal e espiritualidade total, como medida pelo EED (p= 0,446), atendimento, culto, serviço religioso (p=0,120), ou frequência de prece, meditação (p=0,679). Como conclusão os autores encontraram pouca evidência de que relatos a partir do próprio paciente, em relação à espiritualidade, frequência de comparecimento à igreja, ou a frequência de oração esteja associada à morbidade ou mortalidade cardíaca por qualquer causa pós-IAM, em pacientes com depressão e apoio social percebido como baixo.

Whelan – Gales MA et al. referem que a espiritualidade, incluindo tanto o bem estar espiritual e práticas espirituais, é considerada importante avaliar em idosos hospitalizados com insuficiência cardíaca aguda. Sintomas depressivos nesta população são comumente expostos, mas raramente avaliados. O objetivo deste estudo exploratório foi descrever as práticas de bem estar espiritual em pacientes idosos hospitalizados com insuficiência cardíaca e relacionar bem estar espiritual com a depressão. A amostra incluiu 24 adultos mais velhos hospitalizados com diagnóstico de Classe III ou IV de insuficiência cardíaca. As práticas espirituais mais usadas pelos idosos foram identificadas. Houve uma correlação significativa negativa entre bem estar espiritual e depressão: aqueles que tiveram mais sintomas depressivos tiveram um menor nível de bem estar espiritual .

A espiritualidade e os cinco grandes traços de personalidade, que incluem neuroticismo, extroversão, afabilidade, consciência e abertura para novas experiências, segundo a pesquisa podem ser fatores de risco ou de proteção para lidar com o enfrentamento do estresse, para a recuperação de bem estar, da doença e menores taxas de mortalidade. Nesta pesquisa as mulheres relataram níveis mais elevados de espiritualidade e consciência que os homens. As respostas fisiológicas dos participantes foram monitoradas antes e durante um evento estressante, em estudo realizado por Labbé EE; Fobes A. (2010). Foram encontradas diferenças significativas entre a baixa taxa de respiração, média e alta espiritualidade no grupo de pacientes e a resposta emocional ao estressor. Diferenças significativas também foram encontradas entre os grupos de espiritualidade, no traço ira, neuroticismo, conscienciosidade, extroversão, afabilidade e abertura à experiência. Os autores do estudo consideraram necessário dar continuidade a medição das questões relacionadas aos conceitos de religiosidade e de espiritualidade e de como podem influenciar os estados emocionais e fisiológicos. E ainda como esta relação pode aumentar ou diminuir os riscos de adoecimento e como pode ajudar as pessoas a lidar de forma mais eficaz com a doença.

Kennedy, Abbott e Rosenberg realizaram um estudo, em que os participantes responderam a um questionário antes de chegar para um retiro de 2,5 dias e depois do mesmo. Quatro a seis meses após o retiro, os participantes receberam um questionário de acompanhamento para preencher e devolver, que foi o mesmo respondido logo após o retiro. Os autores compararam os resultados com os dos participantes de um retiro de educação em saúde cardíaca, denominado Programa Dean Ornish, em que os dados sugerem que o grupo pode experimentar mudanças na espiritualidade. Entre os participantes estavam 51 pacientes e 21 parceiros saudáveis. Os pacientes tinham uma história de ataque cardíaco, cirurgia cardíaca, angioplastia coronária, ou três principais fatores de risco para doença coronariana. Dados de pacientes que não retornaram o questionário pós-retiro foram excluídos. Dos 72 participantes, 56% eram do sexo feminino, 96% eram brancos, 71% estavam casados e 47% tinham formação em curso superior. A idade média era de 56 anos (34-75). Para dos dados de pré teste, a correlação entre o bem estar e espiritualidade foi 0,12 o que é considerado típico para os dados transversais, mas não é significativo neste tamanho de amostra de 72 participantes. O bem estar foi positivamente associado com significado e propósito na vida, que é considerada uma relação bem estabelecida. A tendência a tornar-se irritado foi maior para os homens e foi negativamente correlacionada com a idade e bem estar. Os pacientes e parceiros saudáveis não diferiram significativamente no pré-teste em medidas de espiritualidade, bem estar, significado na vida ou raiva. Dos 72 participantes, 56(78%) relataram espiritualidade aumentada no questionário de pós teste. Os questionários pós teste foram preenchidos na conclusão do retiro. Quatro a seis meses após o retiro, os participantes receberam um questionário de acompanhamento para preencher e devolver. O questionário de acompanhamento foi o mesmo que o questionário pós teste. O aumento do bem estar era relatado por 66 (91%), o aumento do sentido na vida em 63 (87%), a diminuição da raiva em 71%, o aumento da conexão com os outros 97%, o aumento da consciência da força interior e orientação por 79% e aumento da confiança em lidar com problemas em 87%. Estas percentagens foram semelhantes para os 51 pacientes e 21 parceiros. Embora os participantes com maior interesse na espiritualidade antes do retiro tenham relatado mais mudanças na espiritualidade, (r=0,43,P<.001,n=70), quando as pontuações foram divididas em partes aproximadas, 16 de 25 (64%) dos participantes do grupo de menor pontuação de espiritualidade, relataram maior espiritualidade. Dezenove de 22 (86%) do grupo do meio apresentaram maior espiritualidade e 21, de 25 (84%) no grupo com o maior escore de pré tratamento relataram maior espiritualidade. As alterações na espiritualidade foram estatisticamente significativas (p<0,001) para todos os 3 grupos. Dos 12 participantes (17%) que tiveram a pontuação mais alta possível de espiritualidade no pré retiro, 11(92%) relataram aumento de espiritualidade. Maior espiritualidade foi associada com aumento de bem estar (r=0,41), aumento no sentido da vida (r=0,48). Ornish fornece elementos de que seu programa global, que inclui dieta, exercícios, controle do estresse e de apoio social, pode reduzir ou reverter a progressão da doença cardíaca. Uma avaliação retrospectiva dos 14 participantes do estudo Ornish é consistente com a maior espiritualidade a partir desse programa. No entanto, o caráter parcial e retrospectivo dos dados de espiritualidade possibilitou tirar tênues conclusões sobre espiritualidade em pacientes do estudo Ornish. Segundo os autores, sua experiência com as sugestões do estudo Ornish é que mudanças de estilo de vida bem sucedidas podem ocorrer como parte de transformações pessoais que são descritas como espirituais. Os dados põem em evidência alguns desafios em medir as variações na espiritualidade.

Pensamos que muitos estudos ainda necessitam ser realizados para esclarecer os caminhos da espiritualidade e sua relação com a doença coronariana, pois segundo Morin (2000c, p.21) o caminhar não está dado: " El caminho se hace al andar". A Psicocardiologia propõe ser mediante a caminhada de vida, que o ser humano busca o verdadeiro sentido e significado da vida, podendo a espiritualidade ser descoberta, desenvolvida, aprofundada, por intermédio da "escuta do coração", em que os sinais são percebidos e auxiliam na percepção dos caminhos a seguir no decorrer dos diferentes ciclos da vida humana.

A Psicocardiologia tem como proposta levar o paciente a aprender a escutar os sinais do corpo mediante sua doença e a repensar seu processo humano – espiritual por meio da "escuta do coração", em todas as suas dimensões: física, espiritual, emocional, relacional, psíquica, etc. Esse aprendizado pode levar a rever e a transformar a própria vida nos diversos relacionamentos: consigo mesmo, com o outro, com o mundo, com a divindade. O aprender a escutar envolve um processo amplo e dinâmico que abrange a Cardiologia nos seus mais variados momentos frente ao diagnóstico médico, como frente ao paciente no entendimento da sua doença e de suas possíveis origens, ou, ainda, como também frente aos seus cuidadores. A partir do pressuposto de que o coração possa ser entendido como a "sede das emoções", o homem precisa considerar a sua caminhada e sua história de vida, em que todos seus momentos devem vividos, por que são oportunidade de aprendizagens que fortificarão frente a um infarto agudo do miocárdio, uma cirurgia cardíaca ou doenças cardiovasculares. Esse processo é de intensa profundidade e compreensão para que ocorra uma verdadeira aprendizagem e, assim, possamos trabalhar a prevenção, evitando um reinfarto ou uma morte súbita.

Referências bibliográficas

Acierno, L. J. (1994). *The History of Cardiology*. New York: The Parthenon Publishing Group.

Bekelman, D. B., et al. (2007). Spiritual well-being and depression in patients with heart failure. *Journal of General Internal Medicine, 22*(4), 470-477.

Boyadjian, N. (1980) *El Corazón*. Brepols, Antwerpen: Esco.

Blumenthal, J. A. et al.(2007). Spirituality, religion, and clinical in patients recovering from an acute myocardial infarction. *Psychosomatic Medicine, 69*(6), 501-8.

Caramelli, B. (2001). Avaliação de risco cardiovascular. In: Governo Federal (Org.). *Manual de condutas médicas, programa saúde da família / Instituto para o Desenvolvimento da Saúde* (pp. 25-7). Brasília.

Dalgalarrondo, P. (2008). Relações entre duas dimensões fundamentais da vida: saúde mental e religião. Revista Brasileira de Psiquiatria, 8(3), 177-178.

D'Annunzio, G. (2010, novembro). Depressão e cardiopatias. *Lemos C. Jornal Solidário*. Porto Alegre.

Delaney C, & Barrere C. (2008). *Blessings: the influence of a spirituality – based intervention on psychospiritual outcomes in a cardiac population*. Holistic Nursing Practice: July /August 2008 - Volume 22 - Issue 4 - p 210-219.School of Nursing, University of Connecticut, Storrs, CT 06269, USA. Colleen.Delaney@uconn.edu.

Dias MAS. *Fatores de risco para o infarto do miocárdio no Brasil*. Arq Bras Cardiol. 1998; 71(55):193-9.

Durgante, Carlos E. A. et al. (2003). Religiosidade e fé. In B. Dornelles, J. C. Costa. (Orgs). *Investindo no envelhecimento saudável* (pp. 51). Porto Alegre: EDIPUCRS, 2003.348p.

Dubourdieu, M. (2008). Psicoterapia Integrativa PNIE Psiconeuroinmunoendocrinologia Integracion Cuerpo-Mente-Entorno. Editorial Psicolibros – Waslala. Montevideo – Uruguay.

Fitchett, G. et al. (2004). Religious struggle: prevalence, correlates and mental health risks in diabetic, congestive heart failure, and oncology patients. *The International Journal of Psychiatry in Medicine, 34*, 179-96.

Fleck, M. P. da A., Borges, Z. N., Bolognesi, G., & Rocha, N. S. (2003, agosto) Desenvolvimento do WHOQOL, módulo espiritualidade, religiosidade e crenças pessoais. *Revista Saúde Pública, 37*(4) São Paulo.

Goldim, J. R., & Salgueiro, J. B. (2007) Bioética e Espiritualidade. Medicina e Espiritualidade: Redescobrindo uma antiga aliança. 2003. Resenha. GPPG/HCPA.

Gottschall, C. A. M. (2005). *Dinâmica cardiovascular do mito à maratona.* São Paulo: Ateneu.

Hummer, R.A., Rodgers, R. G., Nam, C. B., & Ellison, C.G. (1999). Religious involvement and U.S. adult mortality. *Demography, 36*(2), 273-285.

Kennedy, J. E., Abbott, R. A., & Rosenberg, B. S. (2002). Changes in spirituality and well-being in a retreat program for cardiac patients. *Alternative Therapies in Health and medicine, 8*(4), 64-73.

Labbé, E. E, & Fobes, (2010). A. Evaluating the interplay between spirituality, personality and stress. *Applied Psychophysiology Biofeedback, 35*(2), 141- 6.

Laham, M. A., & Escuchar, A. L. (2006). *Corazón: psicologia cardíaca: actualización em pscicocardiologia.* 1ª Ed. Buenos Aires: Lumiere.

Lawler, K. A., & Younger, J. W. (2002) .Theobiology: An Analysis of Spirituality, Cardiovascular Responses, Stress, Mood, and Physical Health. *Journal of Religion and Health, 41*(4), 347-362.

Mathews, D. A., McCullough, M. E., Larson, D. B., Koenig, H. G., Swyers, J. P., & Milano, M. G. (1998). Religious commitment and health status: A review of the research and implications for family medicine. *Archives of Family Medicine, 7*, 118-124.

Morin, E. (2000). *Complexidade e transdisciplinaridade: a reforma da universidade e do ensino fundamental.* Natal: Editora da UFRN.

Morris, E. l. (2001). The relationship of spirituality to coronary heart disease. *Alternative Therapies in Health and Medicine, 7*(5), 96-8.

Mueller, P. S. Plevak David, J.,& Rummans, M. D. (2001). Religious Involvement, Spirituality, and Medicine: Implications for Clinical Practice. *Mayo Clinic Procceedings, 76,* 1225-1235.

Nager, F. (1993). *The Mythology of the Heart*. Basel: Ed. Roche.

Powell, L. H., Shahabi, L., Thoresen, C. E. (2003). Religion and spirituality. Linkages to Physical Health. *American Psychologist, 58*(1), 36-52.

Prado, A., & Rodrigues, G. (Colaborou Cilene Pereira). (2008). Espiritualidade: Médicos e hospitais começam a adotar a espiritualidade e a esperança como recursos para o combate de doenças. *Revista Isto É.*

Prates, R. P. (2005, setembro/dezembro). Símbolo do coração. *História, Ciências, Saúde-Manguinhos, 12*(3). Rio de Janeiro.

Rossato, D. D., Rosa, P. V. da, Rosa, L. H. T. da, Bianchi, P. D. (2008, setembro/outubro). Qualidade de vida e capacidade funcional de idosos adscritos em um PSF da cidade de Cruz Alta/RS / Quality of life and functional capacity of elderly people enrolled in a family health program in Cruz Alta/RS. *Fisioter. Bras, 9*(5), 338-342.

Saad, M., Masiero, D., & Battistella, L. R. (2001). Espiritualidade baseada em evidências. *Acta Fisiátrica, 8*(3), 107-12.

Shaw, A., Joseph, S., & Linley, P. A. (2005). Religion, spirituality, and post-traumatic growth: a systematic review. *Mental Health, Religion & Culture, 8*(1), 1-11.

Steinhauser, K. E. et al. (2006). 'Are you at peace?': one item to probe spiritual concerns at the end of life. *Archives of Internal Medicine, 166,* 101-5.

Unruh, A. M., Versnel, J., & Kerr, N. (2002). Spirituality unplugged: A review of commanalities and contentions, and a resolution. *Canadian Journal of Occupational Therapy, 69*(1), 5-19.

Vinken, P. (2000). *The shape of the heart.* Amsterdam: Elsevier.

VOLCAN, Sandra Maria Alexandre; SOUSA, Paulo Luis Rosa; MARI, Jair de Jesus and HORTA, Bernardo Lessa. Relação entre bem-estar espiritual e transtornos psiquiátricos menores: estudo transversal. *Rev. Saúde Pública* [online]. 2003, vol.37, n.4, pp. 440-445. ISSN 0034-8910.

Westlake, C., & Dracup, K. (2001). Role of spirituality in adjustment of patients with advanced heart failure. *Progress in Cardiovascular Nursing 16*(3), 119-25.

Whelan-Gales, M. A., Quinn Griffin, M. T., Maloni, J. & Fitzpatrick, J. J. (2009). Spiritual well-being, spiritual practices, and depressive symptoms among elderly patients hospitalized with acute heart failure. *Geriatric Nursing 30*(5), 312-7.

Williams, D. R., & Sternthal, M. J. (2007). Spirituality, religion and health: evidence and research directions. *Medical Journal of Australia, 186,* S47-S50.

Como o trauma, a psicoterapia e a espiritualidade convergem?

Julio Fernando Prieto Peres

Introdução

De acordo com as estatísticas do *World Values Survey,* a maioria da população mundial acredita na existência do espírito e em sua sobrevivência após a morte. O interesse sobre a espiritualidade e a religiosidade sempre existiu no curso da história humana, e, recentemente, a ciência tem investigado o tema. No começo dos anos 1960, os estudos eram dispersos e, nesse período, surgiram os primeiros *periódicos* especializados, entre eles o *Journal of Religion and Health*. A partir de então, estudos realizados sobre espiritualidade e religiosidade em amostras especificas (por exemplo enfermidades graves, depressão, transtornos ansiosos) mostraram pertinência quanto à investigação do impacto dessas práticas na saúde mental e na qualidade de vida. Ainda que a espiritualidade e a religiosidade sejam importantes e, às vezes, fundamentais à vida humana, a dificuldade de integrar esse tema à psicoterapia reside em alguns fatores, tais como: a orientação tradicional de escolas psicoterápicas de que a espiritualidade está fora da esfera da investigação e de conhecimento, a ausência de programas de supervisão e treinamento, e o desconforto com os temas espirituais e religiosos por parte dos educadores e profissionais. O conjunto dos dados demográficos justifica a pertinência das psicoterapias em dedicar especial atenção a esse tema (ver tabela abaixo). Aqui, encontram-se algumas contribuições do binômio espiritualidade e saúde às pessoas que buscam a psicoterapia.

Tabela: World Values Survey

	Temos alma (%)	Há vida após a morte (%)
Índia	81	66
EUA	96	81
Indonésia	99	99
Brasil	82	71
Paquistão	100	100
Bangladesh	99	56
Rússia	67	37
Nigéria	97	88
Japão	71	51
México	93	76
Filipinas	96	86
Egito	100	100

Por que psicoterapia e espiritualidade?

A crença religiosa constitui uma parte importante da cultura, dos princípios e dos valores utilizados pelos pacientes para dar forma a julgamentos e ao processamento de informações. A confirmação de suas crenças e de suas inclinações perceptivas pode fornecer ordem e compreensão de eventos dolorosos, caóticos e imprevisíveis (Carone e Barone, 2001).

Atualmente, observa-se na literatura na área da saúde mental ênfase crescente do tema espiritualidade. Um estudo recente mostrou que os principais domínios discutidos em psicoterapia de indivíduos americanos incluíram o trabalho, a família, os amigos e a sexualidade. A religião e a espiritualidade foram consideradas temas de igual importância, e os pacientes observaram os terapeutas abertos para discussão desses domínios

(Miovic et al., 2006). Contudo, nem todas as abordagens encontraram um ajuste do tema em suas intervenções terapêuticas e, ainda assim, psicólogos estudados em entrevistas semiestruturadas consideraram a espiritualidade um tema potencialmente provedor do encontro de equilíbrio e harmonia dos pacientes (Peres et al., 2007).

Como a psicoterapia pode ajudar?

Objetivando tratar, remover ou modificar sintomas de natureza emocional, além de promover o crescimento e o desenvolvimento da personalidade, surgiram, em meados do século XIX, as psicoterapias no ocidente. Estas variam em relação às escolas filosóficas, às perspectivas epistemológicas e às teorias e aos métodos que utilizam como orientação de suas intervenções práticas. A despeito dos diferentes tipos de abordagens, o que teriam as várias formas de psicoterapia em comum? A publicação do artigo *Some implicit common factors in diverse methods of psychotherapy*, de Rosenzweig (1936), foi um marco original da discussão sobre diferenças, similaridades e eficácia das psicoterapias. O achado geral de pouca ou nenhuma diferença entre as principais escolas da psicoterapia em termos de uma efetividade global foi previsto nesse artigo publicado há setenta anos (Samstag, 2002). Atualmente, as áreas de concordância entre as abordagens psicoterápicas continuam mais expressivas que as diferenças, sobressaindo em especial quatro aspectos: (i) a similaridade dos objetivos, (ii) o papel central da relação terapeuta-paciente nos processos, (iii) a responsabilização do paciente pelas escolhas, e (iv) a promoção da compreensão do "Eu" pelo paciente (Duncan, 2002). Um detalhado exame de dezessete meta-análises de estudos comparativos de diversas modalidades de psicoterapias encontrou diferenças não significativas de resultados (Luborsky et al., 2002). Os autores reconhecem que "resultados não significativos não indicam que os tratamentos comparados têm os mesmos efeitos para todos os pacientes". Por outro lado, Bohart (2000) postulou que o paciente deve ser visto como o fator comum mais importante na psicoterapia trazendo o conceito de "resiliência" – capacidade de atravessar dificuldades e voltar à qualidade satisfatória de vida – para argumentar que os pacientes, e não os terapeutas, são os curadores. Além disso, é fundamental que a psicoterapia trabalhe para desenvolver modelos colaborativos, baseados na relação, os quais enfatizem a mobilização da esperança e do otimismo, o envolvimento ativo do paciente e a ajuda para que os pacientes mobilizem suas inteligências intrínsecas para encontrar soluções (Bohart, 2000). Nesse sentido, é razoável pensar que a religiosidade e a espiritualidade devem ser consideradas pelos terapeutas em suas abordagens. Realmente, a psicoterapia pode ajudar; além disso, vários estudos mostram os efeitos neurobiológicos e a atenuação dos sintomas após as intervenções terapêuticas (Peres et al., 2007b; 2008).

Espiritualidade no consultório

Deve o médico/psicólogo discutir temas espirituais com seus pacientes? Quais são os limites entre o médico/psicólogo e o paciente que consideram temas religiosos e espirituais? Quais são os limites profissionais entre o médico/psicólogo e o capelão/orientador espiritual? Essas são algumas das perguntas que norteiam discussões éticas recentes sobre o tema (Post, 2000). A inclusão da categoria "problemas religiosos ou espirituais" como diagnóstica inserida no DSM-IV reconhece que os temas religiosos e espirituais podem ser o foco da consulta e do tratamento psiquiátrico/psicológico (Lukoff, 1995). Alguns educadores na área de saúde recomendam que os profissionais da saúde perguntem rotineiramente sobre a espiritualidade e a religião ao conduzir a história médica de seus pacientes (Ehman, 1999). Entretanto, integrar dimensões espirituais e religiosas de vidas dos pacientes durante a psicoterapia requer profissionalismo ético, alta qualidade de conhecimento e habilidades para alinhar as informações coletadas sobre as crenças e os valores ao benefício do processo terapêutico. A Associação Psiquiátrica Americana produziu um guia que orienta os terapeutas a compreender e manter um respeito empático ao abordar as crenças religiosas dos pacientes, reforçando que o treinamento adequado do terapeuta, a compatibilidade terapeuta-paciente, a atenção à pessoa, e não apenas à doença, e a busca da compreensão empática podem reduzir a ocorrência da conversão de valores, além de minimizar os problemas éticos associados (Tjeltveit, 1986; Post, 2000). Lomax et al. (2002) apontam que algumas observações éticas merecem atenção como: (1) a habilidade de inquirir sobre a vida religiosa e espiritual dos pacientes é um elemento importante da competência psicoterapêutica; (2) a informação sobre a vida religiosa e espiritual dos pacientes revela frequentemente dados extremamente importantes para superação de suas dificuldades; (3) o processo de investigação sobre esse domínio deve ser respeitoso; e (4) há um potencial significativo para faltas éticas quando o terapeuta busca impor suas convicções pessoais (religiosas ou antirreligiosas), abandonando o princípio da neutralidade.

Em convenção com a Associação Psiquiátrica Americana, Shafranske (2001) recomenda alguns procedimentos para psicoterapeutas ao abordarem o tema espiritualidade e religiosidade: a) identificar se variáveis religiosas e espirituais são características clínicas relevantes às queixas e aos sintomas apresentados; b) pesquisar o papel da religião e da espiritualidade no sistema de crenças do paciente; c) identificar se idealizações religiosas e representações de Deus são relevantes e abordar clinicamente essa idealização; d) demonstrar como os recursos religiosos e espirituais podem favorecer o tratamento psicológico; e) utilizar um procedimento de entrevista para acessar o histórico e o envolvimento com religião e espiritualidade; f) treinar intervenções apropriadas a assuntos religiosos e espirituais e se atualizar a respeito da ética sobre temas religiosos e espirituais na prática clínica.

Os psicoterapeutas devem estar confortáveis com pacientes que levantam questões existenciais e espirituais (Shaw et al., 2005; Peres et al., 2007a). Uma vez que explorar as crenças religiosas e espirituais pode ser útil no processo psicoterápico, é uma necessidade terapêutica e um dever ético o respeito a estas opiniões, a empatia, assim como a continência à realidade que o paciente traz, ainda que os terapeutas não compartilhem das mesmas crenças religiosas (Shafranske, 1996).

A maioria de nós sofreu ou sofrerá um evento traumático (e.g. perdas, acidentes, doenças, etc.), e há uma forte relação entre trauma psicológico e o desenvolvimento do transtorno de estresse pós-traumático (TEPT), que contempla o aparecimento de três grupos de sintomas: (i) revivescência do trauma (memórias traumáticas, pesadelos, pensamentos intrusivos); (ii) evitação/entorpecimento (distância afetiva, anestesia emocional) e (iii) hiperestimulação autonômica (irritabilidade, insônia e hipervigilância). A prevalência de eventos traumáticos capazes de produzir TEPT pode alcançar 50-90%, mas a prevalência de TEPT na população em geral é em torno de 8% (Kessler et al., 1995; Vieweg et al., 2006), enquanto o TEPT parcial está estimado em aproximadamente 30% (Weiss et al., 1992).

Estudos sugerem que o aumento da esperança e a diminuição do desespero e do desamparo podem ser fatores importantes para melhor saúde e longevidade (Kubzansky et al., 2001). Indivíduos traumatizados procuram novos sentidos e significados em suas vidas (Peres et al., 2007a), e as crenças e as práticas espirituais e religiosas são fortemente baseadas em buscas pessoais para compreender o significado da vida, o relacionamento com o sagrado e o transcendente (Moreira-Almeida & Koenig, 2006). As práticas religiosas podem ter influência importante em como as pessoas interpretam os eventos traumáticos e lidam com eles, promovendo percepções resilientes e comportamentos como a aprendizagem positiva da experiência, o amparo para superação da dor psicológica e a autoconfiança em lidar com as adversidades (Fontana & Rosenheck, 2004). A revisão de onze estudos empíricos sobre as associações entre a religião, a espiritualidade e traumas psicológicos mostrou três achados principais: (i) a religião e a espiritualidade são geralmente, embora não sempre, benéficas no tratamento pós-trauma, (ii) as experiências traumáticas podem conduzir ao aprofundamento da religiosidade ou da espiritualidade, e (iii) o manejo religioso positivo, a abertura religiosa, a prontidão para enfrentar perguntas existenciais, e a religiosidade intrínseca estiveram associados com a superação psicológica pós-trauma (Shaw et al., 2005). Pargament et al. (2004) propõem que o manejo religioso pode ter algo especial a oferecer: "Pode equipar excepcionalmente indivíduos para responderem às situações em que se veem face a face com os limites do poder e do controle humanos quando confrontados com suas vulnerabilidades" (p. 592). O autor ainda refere que as crenças e as práticas religiosas podem reduzir a perda do controle e do desamparo, fornecendo uma estrutura cognitiva que diminua o sofrer, e desenvolva a finalidade e o significado em face ao trauma.

São múltiplos e às vezes inesperados os caminhos à resiliência. Uma vez que o desamparo é um fator de risco ao TEPT, assim como a vulnerabilidade e a desesperança elevadas (Scher & Resick, 2005), é possível que o sentido de amparo, suporte e esperança possam, além de ajudar a recuperação, proteger os indivíduos expostos aos eventos traumáticos (Peres et al., 2007a). Nosso estudo com policiais militares mostrou resultados que apoiam essa perspectiva (Peres et al., 2011). Pela primeira vez, reunimos uma amostra extremamente homogênea (policiais sem comorbidades ou medicamentos, com mesmo trauma e a mesma idade da memória) num estudo que avaliou os efeitos neurobiológicos da psicoterapia por meio da ressonância magnética funcional (fMRI). A homogeneidade da amostra estudada influenciou os achados neurais precisamente demarcados quanto ao envolvimento do córtex médio pré-frontal (mPFC) e da amígdala esquerda na patologia e na superação do trauma. Indivíduos traumatizados sem psicoterapia mostraram maior atividade da amígdala esquerda e menor atividade do mPFC, enquanto os policiais submetidos à psicoterapia e os policiais sem sintomas (resilientes) mostraram maior atividade do mPFC e menor atividade da amígdala esquerda. Foi estudado o evento traumático mais expressivo e sem precedentes para Policiais Militares de São Paulo. A primeira onda de ataques de uma organização criminosa na cidade de São Paulo, em maio de 2006, teve impacto traumático jamais vivenciado nos policiais ativos na ocasião, os quais presenciaram seus colegas feridos pedindo ajuda e morrendo, sem qualquer referência do que poderia acontecer em seguida. O trauma psicológico teve relação direta com o fator surpresa. Integrar os traços fragmentados de memórias sensoriais/emocionais em narrativas terapêuticas estruturadas é um dos principais desafios para as psicoterapias aplicadas a vítimas de traumas. Indivíduos com TEPT parcial requerem o mesmo nível de cuidados que aqueles com todos os critérios preenchidos conforme o DSM-IV. Os resultados mostram evidências neurofisiológicas da resiliência em um grupo de alto risco para o desenvolvimento do TEPT. Desse modo, a psicoterapia ajudou os policiais a construir narrativas resilientes via mPFC, enfraquecendo o conteúdo sensorial/emocional fragmentado das memórias traumáticas. As mesmas pontuações de sintomas e atividade do córtex médio pré-frontal foram observadas nos policiais resilientes e nos policiais traumatizados após a psicoterapia. O estudo mostrou que a resiliência não é algo que alguns têm e outros não; ela pode ser desenvolvida mesmo por indivíduos com traumas psicológicos, e a psicoterapia, inclusive, favorece esse aprendizado. Os resultados enfatizam a importância da brevidade do atendimento psicológico especializado, uma vez que os indivíduos submetidos à psicoterapia não mais preenchiam os critérios de TEPTp, enquanto aqueles não submetidos à psicoterapia pioraram os sintomas de TEPT. As pessoas que inicialmente configuram o TEPT parcial podem desenvolver o tipo crônico, que apresenta risco três vezes maior para emersão de comorbidades como Transtorno Depressivo, Transtorno Somatoforme, Transtorno do Pânico, abuso de substâncias, etc. (Peres et al., 2009b).

Os policias submetidos à psicoterapia mostraram pontuações mais elevadas da narrativa e atenuaram a expressão emocional/sensorial do trauma, enquanto os não submetidos mantiveram a pontuação baixa para narrativa e elevadas expressões sensoriais e emocionais do trauma (Figura 3 do anexo). O estudo revelou uma relação inversamente proporcional entre a expressão narrativa e a expressão sensorial/emocional do trauma: quanto maior a pontuação narrativa, menor a pontuação sensorial/emocional e vice-versa. A psicoterapia promoveu a construção de uma aliança positiva com as experiências dolorosas, assim como o fortalecimento dos aprendizados preditivos de uma vida com melhor qualidade. Enfatizo que a superação ocorre quando uma aliança de aprendizado com o sofrimento é construída, favorecendo benefícios adicionais à qualidade de vida anterior à ocorrência do trauma. Os conhecimentos adquiridos nesse processo não são restritos ao momento e beneficiarão também outros domínios da vida, sendo, assim, o sofrimento traumático apenas parte de uma história de superação. As características de resiliência mais importantes foram a autoeficácia, a empatia e o otimismo. A religiosidade intrínseca teve um papel ativo na resiliência conforme a escala DUREL e RCOPE. Dois principais fatores de enfrentamento religioso mostraram destacada significância estatística: (1) "Busquei o amor e o cuidado de Deus" (procura de apoio espiritual) e (2) "Eu procurei colocar meus planos em ação junto com Deus" (enfrentamento religioso colaborativo). Com base nesses achados, a religiosidade pode ser um fator de proteção à emersão do trauma psicológico, e futuras pesquisas deverão abordar as estratégias cognitivas que contribuem para o melhor desenvolvimento da resiliência.

RELIGIOSIDADE E ESPIRITUALIDADE INTEGRADAS À PSICOTERAPIA

Pesquisas que convergem a religiosidade e a espiritualidade à psicoterapia têm avançado nos últimos 25 anos. Por exemplo, Propst (1992) investigou a abordagem cognitiva comportamental padrão e a abordagem cognitiva comportamental religiosa aplicadas a pacientes com depressão por terapeutas religiosos e não religiosos e comparou as respectivas intervenções com grupo controle em lista de espera. A melhora dos indivíduos submetidos à psicoterapia foi observada igualmente nas condições terapêuticas utilizadas, e os terapeutas não religiosos obtiveram resultados superiores àqueles religiosos enquanto aplicavam abordagem cognitiva comportamental religiosa. Considerando esses achados, é possível que os melhores resultados terapêuticos sejam alcançados quando o profissional foca sua atenção na religiosidade do paciente, sem contaminar seu trabalho com as próprias projeções religiosas. Uma meta-análise de cinco estudos que compararam a eficácia de abordagens de aconselhamento padrão e abordagens de aconselhamento adaptadas à religião também não encontrou evidência de superioridade de uma abordagem sobre a outra. Os achados sugerem que a possibilidade de usar uma abordagem religiosa com pacientes religiosos é provavelmente mais uma questão da preferência do paciente que uma questão de eficácia diferencial (McCullough, 1999). A despeito de a abordagem cognitiva comportamental adaptada à religiosidade ser tão eficaz quanto o tratamento padrão (Berry, 2002), a primeira mostrou uma melhora mais rápida inicial em três meses comparada à segunda em grupos étnicos com fortes características culturais religiosas (Azhar et al., 1995). Convergindo com esses achados, em estudo com pacientes ansiosos e depressivos, Razali (1998) observou que aqueles submetidos à psicoterapia adaptada para aspectos socioculturais e religiosos melhoraram dos sintomas mais rapidamente nas primeiras semanas do que o grupo controle com psicoterapia padrão. Porém, os resultados não se diferenciaram aos seis meses. Os autores destacam a importância de a psicoterapia com componente religioso precipitar a redução dos sintomas nos primeiros meses de tratamento. A terapia cognitivo-comportamental adaptada para abordar a espiritualidade (*Spiritually augmented cognitive behavioural therapy*) mostrou que o uso da meditação promoveu benefícios significativos no tratamento da desesperança e do desespero (D'Souza & Rodrigo, 2004). Uma revisão dos artigos sobre a eficácia da terapia cognitiva espiritual modificada (*Spiritually modified cognitive therapy*) aponta, segundo critérios da Associação Psicológica Americana, que essa modalidade tem validade empírica apenas no tratamento da depressão (Hodge, 2006). Propostas de terapias de grupo e terapia familiar que inserem temas espirituais e religiosos também têm sido pesquisadas, assim como programas de intervenções psicoeducacionais semiestruturados em que o paciente discute sobre recursos religiosos, espiritualidade, perdão e esperança (Jacques, 1998; Patterson, 2000). A maioria dos grupos considerou que uma vida espiritual é relevante para a compreensão dos problemas pessoais e preferiu um terapeuta confortável em discutir esses tópicos.

Os dois tratamentos mencionados – que contemplam ou não a religiosidade e a espiritualidade – focam em técnicas de reestruturação cognitiva e avaliações comportamentais. As abordagens que contemplam a religiosidade e a espiritualidade acolhem as crenças dos pacientes e estabelecem uma aliança terapêutica a certos enquadres cognitivos que favorecem a superação ou a atenuação do sofrimento, com os seguintes diferenciais: utilizam argumentos racionais religiosos para contrapor pensamentos disfuncionais; encorajam a oração diária como recurso provedor de tranquilidade, orientam a leitura de textos/escrituras sagradas conforme a crença do paciente (Bíblia, Torah, Alcorão, etc.); aceitam a interpretação dele a respeito de seus sintomas e discutem exemplos de estilos de vida saudáveis postulados pela religião; evitam a pregação e a oposição em relação à visão religiosa do paciente, além de trabalharem com técnicas de visualização. O último recurso é usado especialmente para substituir pensamentos antecipatórios negativos por imagens significativas ao paciente, provedoras de tranquilidade e segurança. Por exemplo: *Eu visualizo Jesus Cristo e sua luz me acompanhando naquela situação difícil que estou tentando enfrentar...* Um outro diferencial da abordagem cognitiva que contempla a religiosidade e a espiritualidade diz respeito às lições de casa com autoafirmações construídas para a exposição e o enfrentamento das dificuldades (ex. afirmativas como "Deus nos ama, aceita e valoriza como nós somos", em casos de baixa autoestima), orações e exercícios de comportamentos bíblicos conversados em terapia.

Traumas inconscientes e atribuição de significados

A vida psíquica do homem na sua dimensão subjetiva continua como peculiar área de interesse para as Neurociências, uma vez que associamos informações sensoriais à memória e à cognição de modo a formar conceitos sobre o mundo e sobre nós mesmos, os quais orientam condutas objetivas em nosso dia a dia. O princípio subjacente dos mecanismos de percepção envolve a extração de correlações estatísticas do mundo, a fim de construir modelos temporariamente úteis para a inter-relação adaptativa com o ambiente. Percebemos o mundo não exatamente como ele é, mas também como computamos como maior probabilidade de ser (Ramachandran et al., 1988; 1991). Assim, a riqueza de nossas experiências individuais é projetiva e imensamente subjetiva, e os aprendizados adquiridos nesse processo estão entre os pilares da constituição dos comportamentos (Rock, 1983).

A recuperação de uma memória emocionalmente carregada é influenciada pela interpretação particular do evento, e tal conteúdo emocional, configurado como memória, é uma representação genuína dos referenciais e dos sistemas de crenças do indivíduo. Por exemplo, se contarmos uma estória com conteúdos fantasiosos, essa narrativa espelhará as nossas dinâmicas psicológicas facilmente observáveis por um psicoterapeuta experiente. O enredo apresentará circunstâncias e incidentes psicológicos que tornam a estória uma história genuína peculiar a cada narrador (Peres, 2009).

Freud (1962) afirmou que, se uma pessoa não se recorda de um trauma, ele provavelmente será reencenado: "O trauma é reproduzido não como uma memória, mas como uma ação, um comportamento". Freud enfatizou que o indivíduo repetiria alguns comportamentos sem estar ciente de que o trauma se repetia e postulou que "esta seria a maneira pela qual o trauma é lembrado".

Determinadas memórias traumáticas podem ser reproduzidas comportamentalmente pela compulsão em repetir a experiência abusiva ou outros comportamentos autodestrutivos, tais como o abuso de substâncias e a automutilação. Em geral, o paciente não apresenta consciência da dinâmica psicológica que dispara o sofrimento. O psicoterapeuta pode ajudar o paciente a tornar-se consciente do "lugar" comum ocupado em diferentes enredos emocionais passados. Essa consciência viabiliza a escolha de novas atuações saudáveis no presente contexto de vida. A mudança ocorre pouco a pouco, isto é, a desarticulação das dinâmicas patológicas se processa com o fortalecimento gradual de novos diálogos internos resilientes (Peres et al., 2005). Por exemplo, quando dinâmicas de autovitimização ou autopiedade são repetidas no discurso do paciente, o terapeuta pode questionar se o mesmo discurso está contido na narrativa da memória traumática. Se um "lugar" específico é ocupado em diversas histórias emocionais passadas, então a mesma dinâmica pode estar presente no sofrimento atual.

Frequentemente pacientes com sintomas do TEPT, ou Fobias Específicas, ou Transtorno do Pânico, entre outros transtornos ansiosos, não se lembram dos eventos desencadeadores de seus sintomas. Outras especialidades médicas também observam a "força" do inconsciente em certas doenças como os transtornos somatoformes (Greenberg et al., 1996). Essas podem ser suor excessivo (hiperidrose), urticária crônica, prurido generalizado, alopecia areata, escoriações compulsivas, tricotilomania, mordedura da pele dos lábios (queilofagia) ou da pele dos dedos (cutisfagia), roeção de unhas (onicofagia), neurodermite, psoríase, dermatite seborreica, vitiligo e outras. Nesses casos, o acesso do paciente à atribuição de significados sobre a origem de suas queixas também pode acontecer na psicoterapia.

A Terapia Reestruturativa Vivencial Peres (TRVP), elaborada pela psiquiatra Maria Julia Peres a partir de 1980, consiste em um processo de autorresolução de conflitos e tem trazido resultados terapêuticos eficientes para aqueles que apresentam sintomas, sofrimento subjetivo e padrões disfuncionais de comportamento e não conseguem explicar o porquê ou as raízes deles. A TRVP associa fundamentos da terapia cognitivo-comportamental (TCC) ao uso do estado modificado de consciência (EMC). O paciente é levado a um relaxamento físico e mental com base na respiração diafragmática para conexão com conteúdos inconscientes que expliquem as causas de seu sofrimento. Quando tal significado é estabelecido, promove-se, então, a reestruturação cognitiva, isto é: ressignifica-se terapeuticamente o trauma com a busca de aprendizados para o que foi vivenciado (Peres, 2009).

Metzner (1995) define um EMC como uma mudança no pensamento, no sentimento e na percepção, em relação ao estado de consciência ordinário, e possuidor de um início, uma duração e um final. A utilização do EMC para a percepção de imagens mentais pode ser uma ferramenta efetiva para a formação de novos padrões de pensamento, sentimento e comportamento. Jung (1939) considerou as imagens mentais como a linguagem da intuição, e sua exploração pode promover contato mais profundo com os processos intuitivos, inconscientes e emocionais. A imagem mental é uma unidade que consiste de imagem visual, resposta somática e significado afetivo: pode ser mnemônica ou simbólica, representando de qualquer forma uma realidade psíquica. Horowitz (1972) aponta que informações relacionadas ao afeto e à fantasia podem estar contidas na imagem e não ser acessíveis ao indivíduo no pensamento verbal. As imagens podem ser o acesso principal às importantes memórias pré-verbais, aquelas codificadas nos estágios precoces de desenvolvimento, quando a linguagem ainda não é predominante. O nível de consciência no qual o modo "imagoico" funciona tem propriedades especiais que permitem um efeito terapêutico por meio da compreensão verbal e da descrição de imagens visuais espontâneas, sentimentos e sensações físicas que afloram à mente, isto é: o paciente traz à consciência os significados contidos no fluxo de tais informações com potencial terapêutico. Concluiu que as imagens em si apresentam determinantes psicodinâmicos, podendo combinar conteúdos vivenciais internos e externos.

Os EMC, quando bem trabalhados na psicoterapia, promovem um contato consciente facilitado com conteúdos inconscientes. O principal objetivo da TRVP é promover o acesso à atribuição de significados para fragmentos emocionais e sensoriais dispersos nos sintomas, a conscientização e a modificação das crenças disfuncionais do paciente, para que ele gere comportamentos adaptativos e enfrente as situações-problema de forma mais adequada. Observamos que os conteúdos, simbólicos ou factuais, que surgem em EMC são diretamente relacionados às angústias e às dificuldades atuais do indivíduo. As imagens mentais aparecem de forma espontânea e com atenuação do crivo das resistências manifestadas no raciocínio lógico durante o estado de vigília. O indivíduo então passa a relatar emoções, sensações físicas e pensamentos relacionados a situações factuais ou imaginárias de sua vida, os quais se relacionam com a queixa apresentada.

Os conteúdos vivenciados representam uma verdade emocional subjetiva do indivíduo, mesmo aqueles sugestivos de fantasia. O enredo narrado espontaneamente é trabalhado de modo fenomenológico, portanto, com os conteúdos que o paciente relata, sem interpretações, censuras ou prejulgamentos por parte do terapeuta. São observadas vivências de infância, adolescência, vida adulta, parto, vida intrauterina, situações simbólicas, ou eventos que o indivíduo percebe como relacionados a supostas vidas pregressas. O terapeuta pergunta ao paciente quais as relações entre os conteúdos vivenciados com as suas dificuldades e os sintomas atuais, promovendo a conscientização das dinâmicas e diálogos internos mantenedores dos padrões disfuncionais de sentimento, pensamento e comportamento. Ele identifica a situação mais significativa da vivência e se conscientiza de tais padrões disfuncionais que o estão prejudicando. Em seguida, redecisões cognitivas, que expressam novos padrões de comportamento e pensamento mais adequados para a resolução de seus conflitos, são elaboradas e posteriormente exercitadas no cotidiano. As sessões integrativas, assim como na terapia de exposição e reestruturação cognitiva, intercalam as sessões reestruturativas, além de ter como objetivo reforçar a prática das redecisões cognitivas elaboradas durante suas vivências em EMC. O terapeuta lê para o paciente sua experiência vivencial da sessão anterior, avalia como tem sido a prática de suas redecisões cognitivas e trabalha sobre eventuais dificuldades a elas relacionadas, facilitando o processo de autorresolução de conflitos. Assim, as novas dinâmicas mentais e de comportamento são fortalecidas gradualmente até que os sintomas do paciente sejam desarticulados.

Essa abordagem pode trazer padrões previamente inconscientes de comportamento à luz da consciência e facilitar a ligação do significado ao afeto, os quais, se desconexos, segundo Freud, promovem o retorno coercitivo de fragmentos sensoriais e emocionais (ex. angústia) que operam na compulsão à repetição do trauma. É necessário observar, além dos episódios emocionais ou traumáticos, o enredo e a respectiva dinâmica psicológica que afloram com o conteúdo vivenciado. Não raro os pacientes vivenciam conteúdos simbólicos que ilustram com clareza o funcionamento do psiquismo, assim como ocorre nos sonhos vívidos. A compreensão do paciente sobre a relação entre o conteúdo emocional narrado e a dinâmica psicológica que mantém o sofrimento favorece a desidentificação destas e a escolha de novas dinâmicas de comportamento adaptativas (Peres, 2009).

Considerações finais

Concluindo, as religiões advogam em geral o perdão e a absolvição, frequentemente úteis em resolução de conflitos. Aqui observamos que vários estudos internacionais contemplaram o tema espiritualidade e psicoterapia demonstrando pertinência dessa interface com bons resultados terapêuticos. O Brasil possui um potencial religioso sincrético expressivo e alta prevalência de praticantes de religiosidade/espiritualidade – apenas 7,3% não possuem religião (IBGE Censos Demográficos 2000). Faz-se necessário o reconhecimento, por parte dos profissionais, de que a espiritualidade é um componente importante da personalidade e da saúde; esclarecer os conceitos de religiosidade e espiritualidade junto aos profissionais; incluir a espiritualidade como recurso de saúde na formação dos novos profissionais; adaptar e validar escalas de espiritualidade/religiosidade à realidade brasileira e treinamento especifico para a área clínica. De maneira similar à exploração de toda a dimensão pessoal da experiência humana, a integração das dimensões espirituais e religiosas dos pacientes em seus tratamentos requer profissionalismo ético, alta qualidade de conhecimento e habilidades para alinhar as informações coletadas sobre as crenças e os valores à eficácia terapêutica. Conforme estudos epidemiológicos.

REFERÊNCIAS BIBLIOGRÁFICAS

Azhar, M. Z., & Varma, S. L. (1995). Religious psychotherapy in depressive patients. *Psychother Psychosom*, 63(3-4),165-8.

Berry, D. (2002). Does religious psychotherapy improve anxiety and depression in religious adults? A review of randomized controlled studies. *International Journal of Psychiatric Nursing Research, 8*(1), 875-90.

Bohart, A. C. (2000). The client is the most important common factor: Clients' self-healing capacities and psychotherapy. *Journal of Psychotherapy Integration, 10*(2) 127-149.

Carone, D. A. Jr., & Barone, D. F. (2001). A social cognitive perspective on religious beliefs: their functions and impact on coping and psychotherapy. *Clinical Psychology Review, 21*(7), 989-1003.

D'Souza, R. F., & Rodrigo, A. (2004). Spiritually augmented cognitive behavioural therapy. *Australas Psychiatry, 12*(2), 148-52.

Duncan, B. L. (2002). The founder of common factors: A conversation with Saul Rosenzweig. *Journal of Psychotherapy Integration, 12,* 10-31.

Ehman, J. W., Ott, B. B., Short, T. H., Ciampa, R. C., & Hansen-Flaschen, J. (1999). Do patients want physicians to inquire about their spiritual or religious beliefs if they become gravely ill? *Archives of Internal Medicine*, 9-23;159(15):1803-6.

Fontana, A., & Rosenheck, R. (2004). Trauma, change in strength of religious faith, and mental health service use among veterans treated for PTSD. *The Jounal of Nervous and Mental Disease,192*(9), 579-84.

Greenberg, M. A.,Wortman, C. B., & Stone, A. A. (1996). Emotional expression and physical health: revising traumatic memories or fostering self--regulation? *Journal of Personality and Social Psychology,* **71**(3), 588-602.

Hodge, D. R. (2006). Spiritually modified cognitive therapy: a review of the literature. *Soc Work.* 51(2),157-66.

Horowitz, M. J. (1972). Image formation: clinical observations and a cognitive model. In: Sheehan P, editor. *The function and nature of imagery* (pp-281-309). New York: Academic Press.

IBGE, Instituto Brasileiro de Geografia e Estatística. Censo Demográfico; Brasil 2000. [citado 25 jul 2005]. Disponível em: http://www.ibge.gov.br

Jacques, J. R. (1998). Working with spiritual and religious themes in group therapy. *International Journal of Group Psychotherapy, 48*(1), 69-83.

Jung, C. G. (1939). *Phénomènes occultes*. Paris: Montaigne.

Kessler, R. C., Sonnega, A., Bromet, E., Hughes, M., & Nelson, C. B. (1995). Posttraumatic stress disorder in the National Comorbidity Survey. *Archives of General Psychiatry, 52,* 1048-60.

Kubzansky, L. D., Sparrow, D., Vokonas, P., & Kawachi, I. (2001). Is the glass half empty or half full? A prospective study of optimism and coronary heart disease in the Normative Aging Study. *Psychosomatic Medicine, 63*, 910-916.

Lomax, J. W., Karff, R. S., & McKenny, G. P. (2002). Ethical considerations in the integration of religion and psychotherapy: three perspectives. *Psychiatric Clinics of North America, 25*(3), 547-59.

Luborsky, L., Rosenthal, R., Diguer, L., Andrusyna, T. P., Berman, J. S., & Levitt, J. T. (2002). The Dodo Bird is alive and well-mostly. *Clinical Psychology: Science and Practice, 9,* 2-12.

Lukoff, D., & Lu, F. G. (1995). Turner, R. Cultural considerations in the assessment and treatment of religious and spiritual problems. *Psychiatric Clinics of North America, 18*(3), 467-85.

McCullough, M. E. (1999). Research on religion-accommodative counseling: review and meta-analysis. *Journal of counseling psychology, 46* (1), 92-98.

Metzner, R. Therapeutic application of altered states of consciousness (ASC). In: Schiliclitiny M, Leunes H, editors. Worlds of consciousness. Vol 5. Berlin: VWB; 1995.

Miovic, M., McCarthy, M., Badaracco, M. A., Greenberg, W., Fitzmaurice, G. M., & Peteet, J. R. (2006). Domains of discussion in psychotherapy: what do patients really want? *American Journal of Psychotherapy, 60*(1), 71-86.

Moreira-Almeida, A., & Koenig, H. G. (2006). Retaining the meaning of the words religiousness and spirituality. *Social Science & Medicine, 63*(4), 843-5.

Pargament, K. I., Koenig, H. G., Tarakeshwar, N., & Hahn, J. (2004). Religious coping methods as predictors of psychological, physical and spiritual outcomes among medically ill elderly patients: a two-year longitudinal study. *Journal of Health Psychology, 9*(6), 713-30.

Patterson, J., Hayworth, M., Turner, C., & Raskin, M. (2000). Spiritual issues in family therapy: a graduate-level course. *Journal of Marital Family Therapy, 26*(2),199-210.

Peres, J. F. P. (2009). *Trauma e Superação: o que a Psicologia, a Neurociência e a Espiritualidade ensinam*. São Paulo: Roca.

Peres, J. F. P. et al. (in press). Police officers under attack: Resilience implications of an fMRI study. *Journal of Psychiatric Research.*

Peres, J. F. P., McFarlane, A., Nasello, A. G., Moores, K. A. (2008). Traumatic memories: bridging the gap between functional neuroimaging and psychotherapy. *Australian and New Zeland Journal of Psychiatry, 42*(6), 478-88.

Peres, J. F. P., Mercante, J. P. P., & Nasello, A. G. (2005b). Psychological dynamics affecting traumatic memories: implications in psychotherapy. *Psychology and Psychotherapy: Theory, Research and Practice, 78*, 431-447.

Peres, J. F. P., Moreira-Almeida, A., Nasello, A. G., & Koenig, H. G. (2007a). Spirituality and Resilience in Trauma Victims. *Journal of Religion and Health, 46*, 343-350.

Peres, J. F. P. et al. Cerebral blood flow changes during retrieval of traumatic memories before and after psychotherapy: a SPECT study. (2007b). *Psychological Medicine, 37*(10), 1481-91.

Peres, J. F. P., & Peres, M. F. P. (2009b). Psychological trauma in chronic pain: implications of PTSD for fibromyalgia and headache disorders. *Current Pain and Headache Reports, 13*(5), 350-7.

Post, S. G., Puchalski, C. M., & Larson, D. B. (2000). Physicians and patient spirituality: professional boundaries, competency, and ethics. *Annals of International Medicine, 4;132*(7), 578-83.

Propst, L. R., Ostrom, R., Watkins, P., Dean, T., & Mashburn, D. (1992). Comparative efficacy of religious and nonreligious cognitive-behavioral therapy for the treatment of clinical depression in religious individuals. *Journal of consulting and clinical psychology, 60*(1), 94-103.

Ramachandran, V. S., & Gregory, R. L. (1991). Perceptual filling in of artificially induced scotomas in human vision. *Nature, 350*, 699-702.

Ramachandran, V. S. et al. (1998). Object recognition can drive motion perception. *Nature, 395,* 852-853.

Razali, S. M., Hasanah, C. I., Aminah, K., & Subramanian, M. Religious--sociocultural psychotherapy in patients with ansiety and depression. *Australian and New Zealand Journal of Psychiatry, 32*, 867-72.

Rock, I. (1983). *The Logic of Perception*. Cambridge: MIT Press.

Rosenzweig, S. (1936). Some implicit common factors in diverse methods of psychotherapy. *American Journal of Orthopsychiatry, 6*, 412-415.

Samstag, L. W. (2002). The common versus unique factors hypothesis in psychotherapy research: Did we misinterpret Rosenzweig? *Journal of Psychotherapy Integration, 12*(1), 58-66.

Scher, C. D., & Resick, P. (2005). A. Hopelessness as a risk factor for post--traumatic stress disorder symptoms among interpersonal violence survivors. *Cognitive Behaviour Therapy, 34*(2), 99-107.

Shafranske, E. (Ed.). (1996). *Religion and the clinical practice of psychology*. Washington: American Psychological Association.

Shafranske, E. in: www.apa.org/ce/conventionfri, 2001.

Shaw, A., Joseph, S., & Linley, P.A. (2005). Religion, spirituality, and posttraumatic growth: a systematic review. *Mental Health, Religion & Culture, 8*(1), 1-11.

Sperry, L., & Sharfranske, E. (2004). *Spiritually oriented psychotherapy*. APA.

Tjeltveit, A. C. (1986). The ethics of value conversion in psychotherapy: Appropriate and inappropriate therapist influence on client values. *Clinical Psychology Review. 6*(6), 515-37.

Vieweg, W. V., Julius, D. A., Fernandez, A., Beatty-Brooks, M., Hettema, J. M., & Pandurangi, A. K. (2006). Posttraumatic stress disorder: clinical features, pathophysiology, and treatment. *American Journal of Medicine, 119*(5), 383-90.

Weiss, D. S. et al. (1992). The prevalence of lifetime and partial stress disorder in Vietnam Theater veterans. *Journal of Traumatic Stress, 5*(3), 365-376.

www.worldvaluessurveys.com

METANÁLISES SOBRE ESPIRITUALIDADE E SAÚDE: A FÍSICA NOS PROCESSOS DE CURA

João Bernardes da Rocha Filho

A relação entre a saúde e a espiritualidade tem sido estudada principalmente no âmbito médico, com o objetivo de estabelecer vínculos causais entre esta e indicadores consistentes, como a atividade imunológica ou o índice de mortalidade, na tentativa de garantir, segundo Guimarães e Avezum (2007), "a aplicação sistemática e rigorosa do método científico para sua validação" (s. p.). Em síntese, as metanálises de bases amplas, constituídas a partir de resultados de pesquisas recentes publicadas nos veículos prestigiados da área médica, indexados no sistema Medline, tendem a confirmar que a *prática religiosa regular*, entendida como um indicador de que o indivíduo é espiritualizado, constitui um fator preditivo para índices mais baixos de adoecimento e mortalidade. Nesse texto, portanto, a religiosidade é considerada um indicador eficiente da espiritualidade, ainda que existam diferenças substanciais entre ambas, como as explicitadas por Peçanha e Da Silva (2005). Essa opção é necessária porque os estudos epidemiológicos disponíveis tendem a tratá-las similarmente em face da dificuldade de evidenciar, de modo objetivo, a espiritualidade, ao contrário da religiosidade, que pode ser medida em termos de comportamentos observáveis, conforme Koenig (2010).

Um dos indicadores usados para a identificação objetiva de higidez nessas pesquisas tem sido a quantidade circulante de interleucina, uma vez que essa proteína tem relação com situações associadas a muitos estados mórbidos, como estresse, câncer, Alzheimer, depressão, osteoartrose e cardiopatias. Também são analisados o nível de cortisol na urina, a pressão arterial e a necessidade de medicações, assim como a carga viral e a dosagem de moléculas CD4, do sistema imunológico, especialmente em pacientes HIV soropositivos. A partir desses estudos, a metanálise de Guimarães e Avezum (2007) conclui que há uma vinculação entre a prática religiosa regular e a redução em 25% a 30% no índice de mortalidade, e que tal redução pode estar associada a modificações no comportamento do indivíduo religioso, que tende a ser mais saudável. Por esse mesmo motivo a religiosidade parece ser mais eficaz como mecanismo de prevenção, e não propriamente de reversão de quadros mórbidos instalados.

Em outra metanálise, Lucchetti et al. (2010) discutem vários estudos científicos que sugerem que especialmente os idosos com maior religiosidade intrínseca, isto é, que não apenas a manifestam de maneira exterior, mas vivem de modo interno sua fé, tendem a ter reações sensivelmente menores em termos de pico de pressão arterial quando expostos a agentes estressores. Segundo o estudo, a diferença entre os picos de hipertensão induzida em grupos espiritualizados chegou a se mostrar 40% menor do que em pessoas sem religiosidade manifesta ou apenas com religiosidade extrínseca. Os mesmos autores comentam que a susceptibilidade dos idosos espiritualizados a agentes estressores tende a ser tão boa quanto à dos jovens em geral, e que, embora aqueles tendam a aderir melhor a tratamentos profiláticos contra a hipertensão, a resiliência observada é tão marcadamente consistente que não pode ser devida apenas aos medicamentos. Logo, as metanálises revisadas sugerem que a espiritualidade intrínseca produz efeitos observáveis francamente favoráveis em relação à saúde das pessoas, tornando-as mais resilientes e menos susceptíveis às doenças e a seus efeitos. Entretanto, ainda que índices maiores de espiritualidade estejam relacionados a uma adesão mais comprometida a tratamentos, assim como a hábitos de vida mais saudáveis, os autores supracitados concordam que os efeitos observados podem não ser completamente explicados apenas por tal questão.

Além disso, há pesquisas com resultados favoráveis, mesmo quando não se pesquisa especificamente o efeito da espiritualidade intrínseca, mas sim o da ação espiritual externa, ocorrendo por meio da intercessão mediante a oração. As pesquisas de prece intercessória são tipos especiais de investigações que relacionam saúde e espiritualidade por intermédio de orações dirigidas em favor de pessoas doentes, e, também, avaliam seus resultados em termos de modificações no estado mórbido. Nessa categoria, estão as pesquisas de Randolph Byrd (1988), da Universidade da Califórnia, o qual detectou efeitos benéficos da oração intercessória sobre pessoas internadas em uma unidade coronariana, no início da década de 1980, em uma pesquisa que envolveu mais de trezentos pacientes; de Kwang Cha et al. (2001), que relataram resultados de pesquisa realizada no Cha General Hospital, em Seul, na Coreia, avaliando a influência da prece intercessória sobre o sucesso no tratamento da fertilização assistida envolvendo cerca de duzentas mulheres, com resultados positivos; de Krucoff et al. (2001), que incluíram mais de cem pacientes cardíacos em um programa de relaxamento, imaginação ativa, terapia de toque, oração e terapia convencional, também obtendo resultados positivos expressivos nos grupos que receberam cuidados espirituais em relação aos que receberam unicamente a terapia convencional.

No entanto, a ação positiva da prece intercessória sobre a saúde de enfermos não foi evidenciada tão consistentemente segundo os estudos epidemiológicos metanalíticos mais modernos, considerados como conduzidos rigorosamente. Os resultados desses estudos tendem a ser dúbios, e neste instante há pareceres desfavoráveis à continuidade das pesquisas de prece intercessória. Por exemplo: Sloan e Ramakrishnan (2006) afirmam que essas pesquisas se mostraram falhas e incompatíveis com as visões correntes da ciência, devendo, portanto, ser evitadas; Edzard Ernst (2003) buscou estudos clínicos sobre cura a distância envolvendo oração, reiki, cura espiritual e toque terapêutico, publicados entre 2000 e 2002, e concluiu que há evidências contra a eficácia desses métodos; Rosa, Silva e Silva (2007) concluíram que as evidências científicas quanto ao efeito positivo da prece intercessória são inexistentes.

A dificuldade em identificar os efeitos positivos da prece intercessória em termos de melhoria do quadro clínico dos pacientes nas pesquisas estudadas por Sloan e Ramakrishnan (2006), Ernst (2003) e Rosa, Silva e Silva

(2007), entretanto, pode ser decorrência do baixo valor absoluto do índice de melhora avaliado, quando comparado com os altos índices diferenciais de higidez associados às pessoas com elevada religiosidade intrínseca. Por exemplo, nos estudos de prece intercessória de Harris et al. (1999) e Byrd (1988), ambos com alta repercussão internacional, o efeito positivo quantificado não excedeu um algarismo significativo percentual, e, em pesquisas com amostras que raramente ultrapassam a casa dos poucos milhares de pessoas, os efeitos pequenos podem ser mais facilmente questionados, pois a correlação talvez seja insuficientemente significativa. Entretanto, a intercessão via oração pode ter se mostrado ineficaz simplesmente porque os instrumentos e os métodos utilizados nessas pesquisas não apresentam resolução capaz de identificar positivamente influências de pequena magnitude. Isso explicaria as razões por que nas pesquisas em que métodos qualitativos são aplicados os efeitos tendem a ser mais significativos.

Pela mesma razão, as extensas pesquisas de Jahn et al. (1997), na Universidade de Princeton, as quais envolveram aproximadamente cem pessoas e milhões de experimentos com máquinas aleatórias de quatro categorias diferentes, mostraram-se bem menos problemáticas na confirmação da ação voluntária sem mediação física evidente. Embora as pesquisas de Princeton não incluíssem a busca pela medição da influência de preces na saúde de pessoas, mas sim a medição da influência da vontade delas sobre máquinas aleatórias, há uma similitude nuclear entre elas, pois ambas se baseiam na volição humana. Jahn e seus colegas concluíram que a ação direta da vontade sobre o funcionamento das máquinas é pequena, em termos absolutos, sendo da ordem de um bit em dez mil bits. No entanto, considerando os dados acumulados, isso significa *sete desvios padrão*, o que, em uma distribuição normal, representa uma probabilidade de ocorrência ínfima, de apenas $3{,}5 \times 10^{-13}$, ou seja, uma chance em cerca de três trilhões. No caso em questão, isso sugere que a vontade afeta consistentemente o resultado de sistemas aleatórios, embora em proporção diminuta. Como o efeito detectado nas pesquisas chefiadas por Jahn é pequeno, poderia ser facilmente questionado se o número de experimentos fosse limitado a alguns milhares, e não a milhões. O mesmo pode ocorrer com as pesquisas sobre efeitos de preces intercessórias, que dificilmente alcançam índices de significância comparáveis aos de Jahn, dado o baixo número de pessoas talvez envolvidas.

Não obstante, se pessoas afetam o funcionamento de máquinas aleatórias unicamente pelo desejo de fazê-lo, sem qualquer contato físico, não é improvável que essa influência também se manifeste entre as próprias pessoas nos experimentos de prece intercessória, pois os diversos órgãos do corpo humano se assemelham em muitos aspectos a máquinas biológicas ultracomplexas e não totalmente determinísticas. Essa é outra hipótese aceitável para a dificuldade de medição da ação da prece intercessória, já que a influência de uma parte em dez mil, encontrada em Princeton, dificilmente seria detectada em exames clínicos realizados em seres humanos, fazendo com que cientistas mais céticos propusessem o descarte completo dessa possibilidade.

Por outro lado, as pesquisas de prece intercessória talvez devam ser encaminhadas de modo um pouco diferente, com os participantes sãos orando pela melhora do estado mental ou do espiritual dos pacientes, independentemente das patologias. Ocorre que, de todos os órgãos do corpo humano, o cérebro é considerado o mais complexo, com funcionamento dependente de flutuações de sinais elétricos de baixa amplitude e pouca transferência de massa, chegando ao nível molecular, e eventos moleculares e de pequena magnitude, por sua vez, são influenciados por tantas variáveis que o efeito randômico se manifesta mais fortemente neles do que nos processos eletroquímicos do restante do corpo, e é justamente sobre a aleatoriedade que a ação da vontade sobressai. Mesmo órgãos não pertencentes ao sistema nervoso central manifestam certo grau de aleatoriedade, como o coração sadio, cujo período entre batimentos contém um componente irregular de origem desconhecida e cuja aleatoriedade pode ser identificada a partir de uma simples análise espectral da pulsação (Fuente & Panerai, 1982), mas no cérebro esse grau de randomicidade é supostamente maior.

Nas pesquisas de Princeton, ficou claro que a vontade age principalmente sobre processos realmente aleatórios, e não funciona com máquinas determinísticas ou pseudoaleatórias. No cérebro, um potencial criado por poucos íons, por exemplo, desencadeia reações cujos efeitos podem ser amplos tanto no estado mental quanto no funcionamento geral do organismo, e a dimensão microscópica do fenômeno implica certo grau de aleatoriedade. De outro lado, o cérebro pode, supostamente, atuar de forma mais objetiva na cura dos outros órgãos do próprio corpo por caminhos neuronais conhecidos ou desconhecidos. Por isso, a vontade alheia, manifestada talvez nas preces, pode ter efeito mais contundente com a intermediação cerebral, o que recomenda que as pesquisas de prece intercessória visem mais objetivamente ao estado mental, e menos ao físico. Provavelmente por isso pesquisas desse tipo relacionadas à autoestima, à ansiedade e à depressão, como a de O'Laoire (1997), tendem a apresentar resultados francamente melhores, tanto para quem recebe as orações quanto para quem as faz. Como sempre, porém, essas pesquisas são mais criticadas, pois os pesquisadores têm maior dificuldade no estabelecimento de indicadores objetivos, as amostras tendem a ser menores, e a análise dos dados, qualitativa

De toda forma, as conclusões de algumas metanálises, como a de Peres et al. (2007), sugerem que a crença na continuidade da vida após a morte está associada à incidência e à gravidade menor de sintomas de ansiedade, depressão, compulsão, paranoia, fobia e somatização, influenciando positivamente a qualidade de vida e implicando melhores resultados terapêuticos. Além disso, a espiritualidade está naturalmente associada à capacidade de visualização de situações idealizadas, e o sistema nervoso parece não distinguir entre visualizações ativas (imaginação ativa) e objetivas, ambas produzindo resultados neuronais semelhantes. Por isso, pessoas espiritualizadas têm vantagem em relação ao funcionamento de seus sistemas neuroendócrinos, que recebem *inputs* mais frequentes de visualizações positivas. O resultado geral mais frequente nas pesquisas sobre o relacionamento entre espiritualidade e saúde é simples e contundente, e pode ser sintetizado na conclusão de Peçanha e Da Silva (2005): "fatores de religião relacionados à espiritualidade podem afetar positivamente vários mecanismos fisiológicos envolvidos na saúde" (p. 9).

As pesquisas sobre espiritualidade e saúde de maior impacto na comunidade médica, segundo os índices de citações que alcançaram, foram desenvolvidas por investigadores de centros de pesquisas e universidades americanas, como as de Adam Cohen e Harold Koenig (2002), na Duke University School of Medicine, ou de Herbert Benson, com seu *The Breakout Principle* (2002), da Harvard Medical School e do Massachussets General Hospital, ou ainda de David Larson, no National Institute for Healthcare Research e na Duke University. Embora existam pesquisadores importantes da área na Europa e no Brasil, nesses lugares as pesquisas começaram cerca de uma década mais tarde. Independente da origem, e das alegações dos opositores, os estudos geralmente mostram que a espiritualidade tem impacto positivo na saúde física e na mental, mas o mecanismo pelo qual esse efeito ocorre permanece pouco conhecido.

A despeito de seus efeitos benéficos, porém, a espiritualidade pode não ser um objetivo alcançável por todas as pessoas, indiscriminadamente, pois a manifestação religiosa parece ser inata, ou seja, um aspecto intrínseco da personalidade, o qual não admite ser, de fato, aprendido. Essa possibilidade foi levantada pelos pesquisadores brasileiros Alminhana e Moreira-Almeida (2009), que incluíram a religiosidade como um dos grandes fatores da personalidade, em acréscimo aos cinco propostos por Eysenck e Cattell, os quais serviram de base para a elaboração do manual denominado *Inventário de Personalidade NEO*, desenvolvido por Costa e McCrae. Nessa tentativa de mapeamento, os cinco grandes fatores incluídos originalmente foram *Extroversão, Neuroticismo, Abertura à Experiência, Conscienciosidade e Amabilidade*; diversos estudos posteriores que tentaram incluir a religiosidade como manifestação secundária de algum desses fatores iniciais falharam, de modo que a espiritualidade pode ser um fator independente, não cultivável com racionalidade.

Perante os resultados dessas metanálises, portanto, e na falta de um constructo teórico que dê conta de descrever de modo preciso o fenômeno, pode-se concluir estritamente que a espiritualidade tem efeito benéfico sobre a saúde na medida em que alcança modificação no comportamento das pessoas espiritualizadas. Além disso, apesar das metanálises sugerindo que as orações intercessórias podem ser *ineficazes*, não parece necessário nem útil obstaculizar o andamento de novas pesquisas, mas sim estabelecer hipóteses que auxiliem a continuidade dos estudos sem conflitar com as conclusões já alcançadas, de forma que novos projetos possam ser conduzidos partindo de premissas consistentes com o conhecimento atualizado, que tendem a objetivos realizáveis e a resultados úteis. O aparente insucesso das pesquisas de prece intercessória não significa que procedimentos desse tipo devam ser abandonados, como se os milênios de tradição de cura espiritual da humanidade não fossem mais do que um engano duradouro. Ao contrário, significa que é preciso mais reflexão, novas hipóteses e modificações nos procedimentos experimentais.

Além disso, faz sentido, desde o ponto de vista da ciência, formular suposições e buscar descrições compatíveis com a conclusão de que a espiritualidade manifesta na forma de religiosidade regular parece ampliar consideravelmente a expectativa de vida das pessoas. No entanto, assim como os próprios pesquisadores fizeram, deve-se reconhecer que a modificação de atitudes em direção a hábitos mais saudáveis e a maior adesão a tratamentos podem não ser os únicos mecanismos pelos quais a religiosidade prolonga a vida. Na verdade, parece óbvio que uma explicação que ignore os processos mentais complexos envolvidos na espiritualidade não pode ser completa, pois o fenômeno mental promove a intermediação de toda ação atribuível aos seres humanos, e há numerosas pesquisas que sugerem poder a psique manifestar-se independentemente dos organismos, em certas situações. Nesses casos atípicos, mas bem documentados, são revelados mecanismos mentais que parecem subverter suposições básicas da estrutura de tempo e de espaço da teoria da física clássica, alertando-nos que nem a mente nem a física são descritas fielmente pelo conhecimento científico contemporâneo, e que a relação entre ambas, como estudado pela linha de pesquisa interdisciplinar *física e psicologia*, pode mostrar-se como um modo eficaz de compreender os processos de cura de maneira mais abrangente. Por isso, a ligação entre a física, a psicologia, a espiritualidade e a saúde precisa ser mais bem estudada e compreendida.

Vista a partir de uma perspectiva mecanicista, a mente é *apenas* um produto da operação eletroquímica do cérebro, com a cooperação do sistema nervoso periférico, e manifesta-se exclusivamente pelos meios materiais de que o corpo dispõe. É evidente que a mente consciente tem certo controle sobre o funcionamento do organismo – por exemplo, na ação muscular dos membros –, no entanto, esse controle é limitado, pois se entende que os subsistemas responsáveis pela vida vegetativa são autônomos, e não propriamente mentais. Apesar disso, estudos como o de Cunha e Caromano (2003), que repetem pesquisas realizadas em outros centros universitários ao redor do mundo, com resultados semelhantes, mostram que estados de relaxamento mental produzem alterações fisiológicas mensuráveis em qualquer pessoa, independentemente de esta ser espiritualizada ou treinada em meditação. Assim, a limitação da ação corporal da consciência não se sustenta, e o estado mental claramente afeta o estado corporal, mesmo do sistema vegetativo.

Mas será a mente capaz de atuar no universo físico sem a intervenção do corpo? Em face das numerosas fontes bibliográficas acumuladas ao longo dos anos, a resposta categórica a essa pergunta é *sim*, mas os fenômenos observados em situações experimentais que sugerem isso raramente são reproduzíveis, ou são de pequena amplitude, e por isso há forte rejeição de muitos cientistas em reconhecer esse fato. Em primeiro lugar, é conveniente distinguir duas situações diferentes que, no entanto, estão ligadas porque podem ser modeladas desde uma estrutura física subjacente a ambas. A primeira delas consiste na comunicação ou na antecipação de informações por vias aparentemente extrassensoriais; a segunda, na ação direta da mente sobre a matéria. Em ambas, não parece haver qualquer intermediação energética conhecida, ou seja, não foram detectados campos, corpúsculos ou ondas envolvidas no processo. Na verdade, nem mesmo seria lógico esperar que qualquer fenômeno energético estivesse na raiz de, por exemplo, eventos de precognição, pois, pelo paradigma da física contemporânea, não faz sentido uma mensagem vir de um futuro que ainda não aconteceu.

No entanto, segundo dados obtidos em pesquisa no Brasil, Elias e Giglio (2002) determinaram que pacientes próximos da morte, declarados incuráveis, têm "[...] sonhos de natureza não compensatória, antecipatórios ou que refletem percepções extrassensoriais [...]" (p. 26) que se estendem aos seus familiares e até ao pessoal que lhes oferece cuidados médicos. Quando moribundas, as pessoas vivem uma situação grave, o que mobiliza grandes quantidades de energia psíquica, e pode estar relacionado à frequência dos episódios relatados por Elias e Giglio, porém fatos semelhantes são conhecidos há muito. Existem numerosas pesquisas internacionais, desde meados do século XIX, que sugerem fortemente ser esse tipo de acesso psíquico a informações disponíveis ou premonitórias, via canais desconhecidos, incomum, além de ocorrer, mormente, tanto com pessoas saudáveis em contextos normais quanto com aquelas em situações estressantes ou em estados alterados de consciência.

Por exemplo, os físicos Russell Targ, do Stanford Research Institute, e Harold Puthoff, da Stanford University, desenvolveram extensas pesquisas sobre visão remota ao longo de toda a década de 1970-1980, e seus estudos sugerem de modo contundente que a visão a distância é um fato (Puthoff & Targ, 1976). Na mesma década, Tart et al. (1978), do Departamento de

Psicologia da Universidade da Califórnia, estimaram que mais de seiscentos estudos sobre fenômenos psíquicos atípicos foram publicados em revistas científicas especializadas, com corpo revisor. Entre estes, estão os muito conhecidos estudos de Ian Stevenson (2006), no Department of Psychiatric Medicine University of Virginia, os quais remontam à década de 1950. Ian estudou casos de alegações de reencarnação do Alasca à Ásia, e não conseguiu encontrar um mecanismo conhecido que justificasse os fenômenos identificados. Mais recentemente, Machado (2010) obteve alegações de vivências de episódios paranormais em mais de 80% de cerca de trezentos estudantes, empresários e trabalhadores investigados, em uma pesquisa realizada no âmbito da Universidade do Estado de São Paulo. Essas pessoas alegaram também que suas vivências tiveram influência direta em suas atitudes, em suas crenças e em suas decisões. Chega a ser espantoso que o fenômeno paranormal, considerando a alta frequência de ocorrência, ainda seja pouco considerado pela pesquisa científica séria.

É impraticável construir uma lista extensa das pesquisas do campo *psi* que podem ter ligação com a espiritualidade e seus efeitos sobre a saúde, mas o estudo das metanálises faz intuir que um caminho promissor inclui o reconhecimento das potencialidades humanas descritas na psicologia analítica e na transpessoal. Nesse âmbito, as leis e as teorias físicas que descrevem o comportamento dos campos e das partículas podem ser compreendidas como aspectos objetivos e específicos de comportamentos mais gerais da natureza, os quais se manifestam também nas capacidades mentais, espirituais e extrassensoriais dos seres vivos. Em especial, os fenômenos *psi* reconhecidos e que têm sido alvo de pesquisas parecem implicar principalmente a comunicação atemporal e ilimitada de informações, a qual, no entanto, sofre quase total bloqueio no nível consciente, mostrando-se notadamente em situações especiais, como nos estados alterados de consciência e naqueles nos quais há risco iminente de morte. Essa comunicação também constitui um mecanismo eficiente e suficiente para a descrição dos relatos de reencarnação. Em acréscimo, há provas científicas substanciais de que a vontade afeta o funcionamento de sistemas aleatórios, mecânicos e eletrônicos, e, embora essa ação seja de intensidade pequena, ela pode ser identificada com precisão em experimentos com grande número de repetições. Também não está descartada a possibilidade de que ambos os fenômenos - tanto os que envolvem comunicação quanto os que envolvem ação - possam ser incluídos em um único sistema, mais geral, já que há uma tendência para a constituição de modelos que consideram a informação como a entidade física mais básica, subjacente à matéria e a suas manifestações.

Nesse sentido, independente do revestimento numinoso e sobrenatural da espiritualidade, o seu impacto sobre a saúde aparentemente pode ser modelado em conjunto com as demais capacidades mentais. Como vimos, os efeitos benéficos diretos sobre a saúde das pessoas espiritualizadas são evidentes e de grande amplitude, tanto em termos objetivos e específicos, como na resposta de pico da pressão arterial e no prolongamento da vida, quanto em termos de variáveis abrangentes e menos objetivas, como a redução da depressão, do estresse e a melhoria da autoestima. Considerando que a espiritualidade pode ser uma característica inata da personalidade, como vimos, e que ela constitui uma vantagem, na medida em que é um indicador confiável de uma vida mais longa e saudável, deve-se também refletir filosoficamente sobre os resultados disso no mecanismo evolucionário humano, ao longo das eras.

Em síntese, parece que não existem motivos razoáveis para acreditar que a ação da mente deve ser delimitada pelas leis físicas já descritas na atualidade, da mesma forma que constituiria uma complexificação desnecessária reafirmar a antiga e ultrapassada concepção dualista da mente separada da matéria. Perante os fenômenos transpessoais relatados extensamente, parece mais equilibrado supor que a mente, em todas as suas manifestações, é um produto do funcionamento da natureza, e, se esta apresenta comportamentos inexplicáveis pela física conhecida, isso acontece porque as teorias dessa ciência ainda não alcançaram descrever com precisão suficiente a própria natureza.

Referências bibliográficas

Alminhana, L. O., & Moreira-Almeida, A. (2009). Personalidade e espiritualidade/Religiosidade. *Revista de Psiquiatria Clínica, 36*(4). Recuperado em 25 de fevereiro de 2011, de http://www.scielo.br/scielo.php?pid=S0101-60832009000400005&script=sci_arttext&tlng=e.

Benson, H. (2002). *The Breakout Principle.* Harvard University. Recuperado em 24 de fevereiro de 2011, de http://steveritter.com/Breakout%20Principle%20-%20Harvard%20Mind%20Body%20Institute.pdf.

Byrd, R. C. (1988). Positive therapeutic effects of -intercessory prayer in a coronary care unit population. *Southern Medical Journal, 81*, 826-829. Recuperado em 21 de março de 2011, de http://journals.lww.com/smajournalonline/Abstract/1988/07000/Positive_Therapeutic_Effects_of_Intercessory.5.aspx.

Cha, K. Y., Wirth, D. P., & Lobo, (2001). R. A. Does prayer influence the success of in vitro fertilization-embrio transfer? *The Journal Of Reproductive Medicine, 46*. Recuperado em 21 de março de 2011, de http://courses.ttu.edu/jkoch/Honors%20Seminar/Prayer%20In%20Vitro.pdf.

Cohen, A. B., & Koenig, H. G. (2002). *Spirituality in Palliative Care.* Duke: Duke University. Recuperado em 24 de fevereiro de 2011, de http://palliativecare.medicine.duke.edu/modules/news/article.php?storyid=1.

Cunha, M. G., & Caromano, F. A. (2003, maio/agosto). Efeitos fisiológicos da imersão e sua relação com a privação sensorial e o relaxamento em hidroterapia. *Revista de Terapia Ocupacional da Universidade de São Paulo, 14*(2), 95-103. Recuperado em 22 de fevereiro de 2011, de http://www.revistasusp.sibi.usp.br/pdf/rto/v14n2/07.pdf.

Elias, A. C. A., & Giglio, J. S. (2002). Sonhos e vivências de natureza espiritual relacionados à fase terminal. *Revista Mudanças – Psicologia da Saúde / UMESP, 10*(1), 72-92. Recuperado em 22 de fevereiro de 2011, de http://www.hoje.org.br/site/arq/artigos/ARTIGOElias_Giglio_%5B2002%5D_Sonhos_natureza_espiritual_fase_terminal.pdf.

Ernst, E. (2003). Distant healing – an "update" of a systematic review. Wiener Klinische Wochenschrift - *The Middle European Journal of Medicine,*

8(115/7). Recuperado em 21 de março de 2011, de http://www.springerlink.com/content/h852m82147632728/

Fuentes, G. G. T., & Panerai, R. B. (1982) *Propriedades estatísticas de parâmetros obtidos de sinais de fluxo sanguíneo arterial medido por ultra-som*. Dissertação de mestrado, Programa de Engenharia Biomédica, COPPE/UFRJ. Recuperado em 28 de fevereiro de 2011, de http://www.peb.ufrj.br/teses/80/Teses80.pdf.

Guimarães, H. P., & Avezum, A. (2007). O impacto da espiritualidade na saúde física. *Revista de Psiquiatria da USP, 34,* s. 1. Recuperado em 07 de janeiro de 2011, de http://www.hcnet.usp.br/ipq/revista/vol34/s1/88.html.

Harris, W. S. et al. (1999, October 25). A Randomized, Controlled Trial of the Effects of Remote, Intercessory Prayer on Outcomes in Patients Admitted to the Coronary Care Unit. *Archives of Internal Medicine, 159*(19), Recuperado em 28 de fevereiro de 2011, de http://archinte.ama-assn.org/cgi/content/abstract/159/19/2273.

Jahn, R. G., Dunne, B. J., Nelson, R. G., Dobyns, Y. H., & Bradish, G. J. (1997). Correlations of random binary sequences with pre-stated operator intention: a review of a 12-year program. *Journal of Scientific Exploration, 11*(3). Recuperado em 23 de fevereiro de 2011, de http://www.scientificexploration.org/journal/jse_11_3_jahn.pdf.

Koenig, H. G. (2010). Spirituality and Mental Health. *International Journal of Applied Psychoanalytic Studies, 7*(2), 116-122. Recuperado em 07 de janeiro de 2011, de http://onlinelibrary.wiley.com/doi/10.1002/aps.239/pdf.

Krucoff, M. W. et al. (2001). Integrative noetic therapies as adjuncts to percutaneous intervention during unstable coronary syndromes: Monitoring and Actualization of Noetic Training (Mantra) feasibility pilot. *American Heart Journal, 142*. Recuperado em 21 de arço de 2011, de http://managestressnow.com/pubarticles/MANTRA%20first%20paper.pdf.

Lucchetti, G., Granero, A. L., Nobre, F., & Avezum, A. (2010). A Influência da religiosidade e espiritualidade na hipertensão arterial sistêmica. *Revista Brasileira de Hipertensão, 17*(3), 186-188. Recuperado em 07 de janeiro de 2010, de http://departamentos.cardiol.br/dha/revista/17-3/13-influencia.pdf.

Machado, F. R. Experiências anômalas (extra-sensório-motoras) na vida cotidiana e sua associação com crenças, atitudes e bem-estar subjetivo. *Boletim Academia Paulista de Psicologia, 30*(79), 462-483. Recuperado em 25 de fevereiro de 2011, de http://redalyc.uaemex.mx/redalyc/pdf/946/94615412017.pdf.

O'Laoire, S. (1997, novembro) An experimental study of the effects of distant, intercessory prayer on self-esteem, anxiety, and depression. *Alternative Therapies in Health and Medicine, 3*(6), 38-53. Recuperado em 28 de fevereiro de 2011, de http://www.ncbi.nlm.nih.gov/pubmed/9375429.

Peçanha, D. L., Da Silva, P. M. (2005). *Saúde mental: estudos sobre a contribuição da espiritualidade*. UFSCar. Recuperado em 24 de fevereiro de 2011, de http://www.ufscar.br/~bdsepsi/205a.pdf.

Peres, J. F. P., Simão, M. J. P., & Nasello, A. G. (2007). Espiritualidade, religiosidade e psicoterapia. *Revista de Psiquiatria Clínica, 34*, sup. 1. Recuperado em 24 de fevereiro de 2011, de http://www.scielo.br/scielo.php?pid=S0101-60832007000700017&script=sci_arttext&tlng=es.

Puthoff, H., & Targ, R. (1976, março) A Perceptual Channel for Information Transfer over Kilometer Distances: Historical Perspective and recent research. *Proceedings of the IEEE, 64*(3). Recuperado em 23 de fevereiro de 2011, de http://ieeexplore.ieee.org/stamp/stamp.jsp?tp=&arnumber=1454382.

Rosa, M. I., Silva, F. R., & Silva, N. C. (2007). A oração intercessória no alívio de doenças. *Arquivos Catarinenses de Medicina, 36*(1). Recuperado em 28 de fevereiro de 2011, de http://www.acm.org.br/revista/pdf/artigos/475.pdf.

Sloan, R. P., & Ramakrishnan, R. (2006). Science, medicine, and intercessory prayer. *Perspectives in Biology and Medicine, 4*(49), 504-514. Recuperado em 07 de janeiro de 2011, de http://muse.jhu.edu/journals/perspectives_in_biology_and_medicine/v049/49.4sloan.html.

Stevenson, I. (2007). Half a career with the paranormal. *Revista de Psiquiatria Clínica, 34*, supl. 1. Recuperado em 25 de fevereiro de

2011, de http://www.scielo.br/scielo.php?pid=S0101-60832007000700019&script=sci_arttext&tlng=en

Tart, C. T., Puthoff, H. E., Targ, R, & Diaconis, P. (1978, dezembro). Letters. *Science, New Series, 202*(4373), 1145-1146. Recuperado em 24 de fevereiro de 2011, de http://www.jstor.org/stable/pdfplus/1747684.pdf?acceptTC=true.

ESPIRITUALIDADE: FONTE DE SAÚDE NA PERSPECTIVA DE UMA EDUCAÇÃO PARA A INTEIREZA

Leda Lísia Franciosi Portal

Este artigo inicia pontuando alguns entendimentos da autora sobre as variáveis abordadas neste livro: Espiritualidade e Saúde, para, depois, discutir as relações entre elas estabelecidas, enfatizando a Espiritualidade como caminho fundante essencial para busca e manutenção da Saúde, na perspectiva de uma Educação para a Inteireza.

Ao longo de minha experiência de vida como Ser Humano, em permanente busca de autoconstruir-me, e como educadora, docente e pesquisadora do Programa de Pós-Graduação em Educação da Pontifícia Universidade católica do Rio Grande do Sul (PUCRS), venho realizando estudos e pesquisas que me fizeram, aos poucos, perceber que vivemos um tempo de ousar investir numa formação multidimensional. E tal formação deve contemple o Ser Humano em sua Inteireza, integrando a interdependência do que nos constitui: pensar, sentir, significar e agir com o mais profundo e sagrado de nosso Ser, nossa essência, o espírito, um fio que inspira e tece a teia da Vida.

ALGUMAS ELUCIDAÇÕES INICIAIS

Espiritualidade há muito vem sendo alvo de meus estudos e e de minhas pesquisas, não apenas por ser uma de nossas dimensões constitutivas essenciais, enquanto seres biopsicossociais e espirituais numa constante relação de interdependência e complementaridade, mas, sobretudo, pela concepção de Vida e de Ser Humano na qual acredito e pela qual optei e que vem nutrindo minha própria Vida.

De acordo com Salgueiro e Goldim (2007),

> Toda pessoa é espiritual, enquanto dotada de espírito. A espiritualidade não implica necessariamente a fé em uma divindade específica. A palavra espírito não se refere especificamente à divindade, mas à capacidade de autoconsciência, de fazer uma reflexão sobre si mesmo. O ser humano é um ser intrinsecamente espiritual, pois demonstra esta capacidade de refletir e autotranscender-se. (p. 15)

Embora entenda ser a Espiritualidade institucionalizada pelas mais diversas crenças religiosas: catolicismo, espiritismo, budismo, islamismo, hinduísmo, judaísmo, luteranismo, etc., as quais a ritualizam das formas mais distintas e coerentes com seus dogmas e suas crenças, influenciando e interferindo, por suas convicções, em questões relacionadas à saúde, à vida e ao viver, Espiritualidade, neste artigo, será abordada transcendendo essas opções e o exercício de qualquer um dos credos existentes. Sua compreensão se circunscreve, enquanto evidência natural e espontânea, na vida do Ser Humano, no testemunho diário e transparente de seu pensar, sentir, significar e agir. Ainda segundo os autores (2007), "Um testemunho construtivo e edificante que se manifesta em decorrência de seu processo evolutivo de maturação psicobiofísica, anímico-consciencial, vivenciado no decorrer de suas múltiplas experiências" (p. 91). Espiritualidade se desvela, portanto, "enquanto postura ético-comportamental, inerente a um caráter íntegro, de elevados sentimentos altruístas de solidariedade humana, livre de preconceitos de qualquer natureza." (p. 91)

Teixeira (2007), na mesma direção, entende Espiritualidade como

> [...] um estado singular de maturidade anímica, psiconsciencial, psicológico, afetivo, emocional e espiritual, a refletir-se no modo de pensar, sentir e agir do Eu-consciencial, individual e autônomo, evidenciado através de um comportamento ético moral em harmonia com a Cosmoética. (p. 90)

Pode-se inferir, portanto, segundo o mesmo autor, que Espiritualidade está intimamente relacionada à essência de nossa constituição, manifestando-se ao longo de nosso processo de desenvolvimento como seres pensantes, agentes cocriadores de nossos próprios destinos; sencientes, dotados de razão, vontade, instinto, emoção e sentimento, num processo ininterrupto e contínuo de construção/desconstrução/reconstrução que organiza e estrutura nossas vidas. Sua maior ou menor amplitude e sua expansão se revelam por uma atitude comportamental caracterizada por múltiplos e complexos atributos conscienciais, éticos, cognitivos, afetivos e espirituais na dinâmica de nosso viver, em harmonia com a Bioética, em sua vida de relação pessoal. Tais posicionamentos nos remetem ao desafio constante de desenvolvermos o comportamento intuitivamente ético se quisermos alcançar a saúde "perfeita" e a realização pessoal, inerentes a um Ser Espiritualizado e, por consequência, saudável.

Tais temas, por muitos anos, vêm caracterizando-se como objeto de investigação do Grupo de Pesquisa "Educação Para a Inteireza: um (re) descobrir-se", por mim liderado.

Ao me propor falar em Espiritualidade e Saúde, fui inclinada a enfocar, primeiramente, muito mais por uma questão de referência, Vida e Ser Humano para que pudesse dar prosseguimento à tessitura do texto, que me está a exigir uma breve, mas importante, reflexão sobre o que me parece ser fator essencial da Espiritualidade – o Sentido de Viver – e sua estreita relação com Saúde. Sobre esses aspectos, muitas são as minhas inquietações, fontes inspiradoras de meus estudos: O que é Vida para nós? Que compreensões temos de Ser Humano? Qual seria o Sentido mais profundo e transcendente da Vida? Qual a essência de nossa existência? Quais têm sido nossas buscas nessa direção? Temos buscado o quê? Como? À custa de que ou de quem? Para quê? Que consciência temos da responsabilidade de nossas escolhas? O que nossas práticas deixam desvelar do que somos? Por que fazemos o que fazemos do modo como fazemos?

Assim instigada, atrevo-me a expor meu entendimento de Vida. Dádiva divina que me foi concedida como oportunidade ímpar de autoconhecimento, expansão de consciência, autoconstrução, num processo de constante e ininterrupta aprendizagem na perspectiva de desenvolvimento de uma Educação que privilegie uma autoconsciência holística, ecológica e integradora, manifestada, consciente ou inconscientemente, por meio de comportamento individual e social construtivo, edificante e solidário. Vida, para mim, é partilha, e é importante dizer, nas palavras de Teixeira (2007), "não cessa com a morte física, e nem se restringe ao Universo Físico. Está presente em todos os planos físicos e extrafísicos da Natureza e dos Universos de infinitos" (p. 84).

Entendo Vida, e nela inseridas e integradas Espiritualidade e Saúde, como oportunidade ímpar, não circunscrita somente a uma dimensão espaço-tempo, restrita ao plano físico terrestre, mas transcendendo-o para outros sistemas planetários em sua multitransdisciplinaridade e expansão de consciência que viabiliza a construção da plenitude existencial. Ainda segundo Teixeira (2007), "Vive-se para evoluir, progredir sempre e aperfeiçoar-se rumo à Plenitude do Ser Cósmico" (p. 90). Vida, portanto, tem um profundo e transcendente significado que nos impulsiona cada dia e cada vez mais ao exercício de uma atitude atenta à sua valorização. Falar em "atitude atenta" me faz lembrar Josso (2004), para quem "Consciência nada mais é do que 'presença atenta' a si próprio, aos outros e ao seu ambiente, estando ligada aos graus de sensibilidade de cada pessoa no que se refere aos seus sentidos" (p. 50). Falar em Vida, em Saúde, em Espiritualidade, em Ser cósmico, em Plenitude é falar em autoconhecimento, em autotransformação, em transcendência e, consequentemente, em expansão de consciência.

Diante desses entendimentos de Vida e em contraponto à sua banalização, que acompanha o pretenso progresso econômico e técnico-científico, acredito sentir-nos convocados a investir, enquanto formadores de formadores, em uma proposta de Formação Integral – Educação para a Inteireza – que, longe de se restringir a formar sujeitos capazes para o exercício de habilidades e competências profissionais, objetiva preparar cidadãos capazes de fazer a diferença ética num mundo onde o compromisso com a defesa e a dignidade da Vida não seja ato meramente retórico.

Considero ser nosso grande desafio defender e construir, pela ampliação de nossa consciência, esse olhar integral sobre o Ser Humano, contrapondo-se ao avanço desenfreado de uma mentalidade individualista, utilitarista, excludente e desumanizadora, a qual se vale muitas vezes do desenvolvimento da Ciência e da Técnica para violar e degradar a Vida, quando deveria ser usada de forma comprometida e responsável a serviço do Ser Humano, da Vida.

Nossa cultura, ainda extremamente materialista e pobre de espírito, requer o renascimento de um novo homem e de uma nova mulher, para um novo tempo e espaço, interconectados pelo ilimitado e pelo infinito. Nessa perspectiva, o Ser Humano parece-me conclamado para a tarefa de encontrar o que somos e, assim, tentar repensar Ciência e Mundo para que se compreenda a inerente, essencial e imprescindível presença da Espiritualidade nele. Cabe aqui um questionamento para reflexão: Estaria nesse repensar a possibilidade de preservação e manutenção de nossa Saúde?

De acordo com Simha (2009),

> Tal como *o cogito* torna possível a idéia de uma ciência certa, assim também a natureza intelectual do espírito permite que se constitua uma ciência do mundo exterior, uma ciência dos corpos enquanto modos e especificações de extensão, tal como a concebe o espírito. (p. 66)

Explicitado o que entendo por Vida em sua significativa, singular e estreita relação com Espiritualidade e Saúde, passo à minha compreensão de Ser Humano: Ser de inacabamento, de incompletude, de infinita potencialidade em permanente vir-a-ser. Ser de Inteireza, constituído de múltiplas dimensões (física, mental, social e espiritual) que, buscadas em permanente objetivo de equilíbrio, propiciam sua plenitude e, consequentemente, sua Saúde.

De grande profundidade e beleza é a fala de Frankl (1999) quando assim se refere a Ser Humano:

> Ser Humano não é uma coisa entre outras; coisas se determinam mutuamente, mas o Ser Humano, em última análise, se determina a si mesmo. Aquilo que ele se torna dentro dos limites dos seus dons e do meio ambiente - é ele que faz de si mesmo. (p.114)

O mesmo autor complementa: os homens portarem-se como "porcos" ou agirem como "santos" relaciona-se a exemplos por ele vivenciados no campo de concentração, confirmando sua crença de que a pessoa humana tem, dentro de si, ambas as potencialidades que serão concretizadas na dependência de suas decisões, e não de circunstanciais e emergenciais condições.

Concordo com Frankl, e acredito que nossa essência de Ser Humano é caracterizada pelo uso de nossa capacidade de transcender uma situação extremamente desumanizadora, de manter a liberdade interior e, dessa maneira, não renunciar ao sentido da Vida, apesar dos pesares e reveses que nos desafiam nas mais adversas e surpreendentes emergências de nosso existir.

Estudos e investigações por mim realizados, numa abordagem transdisciplinar e holística, levam-me cada vez mais a entender Ser Humano para além de sua constituição anatômico-física de domínio da medicina oficial e da convencional, concordando com Teixeira (2007) quando afirma:

> [...] o ser humano além do corpo físico, possui outros corpos energéticos mais sutis, cuja existência faz parte dos ensinamentos da sabedoria milenar, que integra a chamada Filosofia Perene, designada Filosofia Esotérica, Tradição-Sabedoria e modernamente Teosofia, incluindo-se, também outras diferentes concepções filosóficas espiritualistas, evolucionistas, reencarnacionistas, existentes não só no Oriente como também no Ocidente. (p. 85)

Nessa perspectiva, Ser Humano é consciência em expansão que evolui e atinge sua hominização quando desperta como Consciência Humana simples, humilde e ignorante, compreendendo-se em sua incompletude e em seu inacabamento.

Antes de trazer resultados de pesquisas por mim orientadas e desenvolvidas, as quais apontam alguns referenciais possíveis de nos iluminar em decisões frente a essas temáticas, sinto-me instigada a tecer uma breve menção ao Sentido da Vida, anteriormente aludido, o qual acredito estar nos encaminhando para um atento olhar para as questões tratadas na Logoterapia, defendida por Frankl, que ousa penetrar em estudos mais profundos na dimensão especificamente humana. Se compreendermos o sentido da existência humana, bem como a busca por esse sentido na Vida como nossa "principal força motivadora", uma atenção especial não precisaria ser dada à nossa "vontade de sentido", que se acredita deva ser autêntica e genuína de uma opção de vida tanto quanto possível dotada de sentido. "Um sentido exclusivo e específico", nos reforça o autor, "uma vez que precisa e pode ser cumprido por nós, individualmente" (1999, p. 92).

Importante lembrar que o mesmo autor ainda defende que, embora a vontade de sentido possa levar a uma frustração existencial, a uma tensão interior em vez de equilíbrio, tais fatos são justamente prerrequisitos indispensáveis para a manutenção da Saúde. Acrescenta ainda que "nada no mundo contribui tão efetivamente para a sobrevivência, mesmo nas piores condições, como saber que a vida da gente tem um sentido" (p. 96). Nietzsche reforça com sabedoria essas ideias, citado por Frankl, ao dizer que "Quem tem *por que* viver suporta quase qualquer *como*" (p. 95).

Longe de se procurar um sentido abstrato da Vida, cada um de nós tem nela sua missão específica, uma tarefa singular e concreta, individual e coletiva, interna e externa, subjetiva e objetiva que está a exigir realização, numa oportunidade também específica, não podendo ser nenhum de nós substituído, nem nossa vida repetida.

Tais pressupostos estariam alertando-nos para o compromisso e a responsabilidade de sermos dignos em toda e qualquer situação, de alegria e tristeza, de saúde e doença, cientes de que são aspectos intrínsecos e inerentes à vida e para a qual há uma conquista que é interior? "Cada vez mais estamos sendo questionados pela vida, não por qual é o sentido que estamos dando a nossa vida, e só poderemos responder à vida, respondendo por nossa própria vida e à vida só se poderá responder sendo responsável" Nietzsche, citado por Frankl, 1999 (p. 98).

Colabora para nossas reflexões o pensamento de Josso (2004) de que

> A busca de sentido apresenta-se como núcleo central na procura da arte de viver. Formar-se nessa busca implica, pois comprometimento tanto no plano reflexivo como nas práticas individuais ou coletivas que exploram as atitudes interiores e os comportamentos que manifestam essa procura de valores e de orientação de vida, pessoal e social. (p. 101)

Encaminho, a seguir, alguma referência sobre Saúde e sua estreita relação com Espiritualidade e Vida na medida em que entendo ser benéfico e energizador, sobretudo, o desafio, a luta, a busca de um sentido em potencial à espera de seu cumprimento no processo de nossa dinâmica existencial, polarizado de tensões entre o sentido a ser realizado e o sujeito que irá realizá-lo.

Saúde, segunda variável do estudo, é por mim entendida como nosso estado natural, sendo muito mais do que a ausência de doença e enfermidade, podendo ser mais bem compreendida pelo que nos diz a Organização Mundial da Saúde: "estado de *perfeito* bem-estar físico, mental, social e espiritual; uma condição na qual a pessoa experimenta *em todos* os momentos alegria e satisfação em viver a sensação da plenitude em harmonia com o Universo que a cerca" citada por Chopra, (2004, p.18). Propositalmente, salientei a expressão "perfeito" por entendê-la como harmonia e equilíbrio, não como perfeição, envolvendo "todos os momentos", por não acreditar no absoluto, mas no relativo. Segundo o autor (2004), "Saúde é um estado no qual nos sentimos sempre jovens, animados e felizes; estado não apenas desejável, mas possível e fácil de ser alcançado" (p. 18).

O conceito de Saúde, pelo entendimento de pessoa enquanto ser humano biopsicossocial-espiritual, vem implicando sua revisão e ampliação, visando atender às necessidades da pessoa além de seu bem-estar biológico, mental e social. Segundo Chopra (2004), pioneiro na integração entre preceitos da sabedoria oriental e as conquistas da moderna ciência, o caminho para a "Saúde Perfeita" está na completa harmonia entre Corpo, Mente e Espírito, o que entendo ser educar para a transpessoalidade, para o Sagrado, numa perspectiva de encontro com o Ser Integral que somos.

Comunga da mesma ideia Silva e Souza (2008) quando diz que, conscientes da condição de seres inconclusos que somos, vivemos em busca, de um lado, da aceitação de nossa incompletude, e, de outro, da esperança do encontro, do que nos complementa. Freire (1999) assim o respalda: "Minha segurança se alicerça no saber confirmado pela própria experiência de que, se minha inconclusão, de que sou consciente, atesta, de um lado, minha ignorância, me abre, de outro, o caminho para conhecer" (p. 153). Concordo com os autores, afinal, aprender como e onde buscar a si mesmo para estabelecer Saúde Integral talvez seja a mais nobre empreitada da Educação.

Há, portanto, de se educar o corpo, o coração e o espírito, aspectos fundantes de uma Educação para a Inteireza que conduza o ser aprendente ao encontro de si mesmo.

Se falar em Espiritualidade implica falar Saúde, concordo com Dahlke (2007) que, atentos aos sintomas de seu oposto, a Doença, teremos oportunidade de desenvolvimento rumo a uma Vida saudável.

A Doença, como Linguagem da Alma, é assim entendida pelo autor, por acreditar serem os sintomas desveladores de aspectos que até então não quisemos perceber e que necessitam de nosso autoconhecimento para que percebamos o sentido que se encerra em cada um deles, bem como a correspondente relação com a tarefa a ser empreendida, tornando possível sua superação e sua transcendência numa consciência de Si, em sua unidade e dualidade.

Se os sintomas, segundo Dahlke (2007), "são a expressão de padrões que têm raízes fortemente ancoradas na matriz da realidade e encontram sua expressão mais abstrata no padrão dos princípios primordiais e suas relações mútuas e se a realidade é construída na mente, nós criamos a realidade" (p. 44). Vejo claramente explicitada nessa afirmação a consciência plena de nossa responsabilidade por nossas opções, pelo que ou por quem nos julgarmos responsáveis. De acordo com Frankl (1977), cabe a cada um de nós decidir "se deve interpretar a tarefa de sua Vida como sendo responsável perante a sociedade ou perante a sua própria consciência [...], cientes de que o verdadeiro sentido da vida deve ser descoberto no mundo e não dentro da pessoa humana ou de sua psique" (p. 99).

Quando falo em Espiritualidade relacionando-a à Saúde, pelo que representam para mim, reporto-me a outra variável, intrinsecamente a elas relacionada, a qual encerra a principal razão da Vida: a Felicidade. Pessoas felizes acalentam pensamentos positivos, alegres, sadios, amorosos e tranquilos. "Pessoas felizes são mais saudáveis" (p. 10), conforme nos assegura Chopra (2004), encontrando eco nos dizeres de Josso (2004)

> A busca da felicidade apresenta-se como a exploração sistemática de um equilíbrio vital, a ser redefinido constantemente, entre a procura e escolha de formas socioculturais que manifestem de forma concreta uma definição eminentemente pessoal da felicidade e a procura ou a escolha de uma atitude interior a partir da qual serão feitas opções, que serão, em seguida, avaliadas. (p. 91)

Para a referida autora, o segredo da felicidade está bem guardado no centro da interioridade de cada um, nas sensibilidades e nos sonhos, devendo reunir, em sua busca, a busca de si e de nós, a busca de conhecimento e a busca de sentido. Em tais buscas, trata-se, segundo a autora, do amor, dado ou recebido sob todas as suas formas: sentimento amoroso, paixão, amizade, amor filial, camaradagem, compaixão, solicitude, solidariedade, respeito, podendo caracterizar-se como a busca de um saber-apreciar, saber-amar e saber-amar-se.

Cabe aqui ressaltar o desafio trazido por algumas questões em aberto: Se o estado de espírito por nós cultivado é responsável pela maior ou menor proporção das substâncias químicas do cérebro pelas quais os pensamentos operam, podendo ser benéficos ou maléficos ao organismo, não estaria aí um dos indicadores da estreita e sutil relação entre Espiritualidade (Sentido da Vida), Saúde e Felicidade? E não estaria nessas variáveis a necessidade de um olhar atento e sensível aos processos educativos formais e informais? Não estariam essas questões alertando-nos e esclarecendo os pontos de alicerce a serem contemplados em uma proposta de Educação que priorize a Inteireza de nosso Ser?

Espiritualidade e Saúde: uma relação indissociável e possível

É bastante comum, até os dias de hoje, causar estranheza a estreita relação existente entre Espiritualidade e Saúde, transcendendo sua usual dicotomização, quando não antagonismo.

Com frequência, Espiritualidade é relacionada com as "coisas da alma", com a interioridade do Ser, e Saúde, com as "coisas do corpo", com a exterioridade do mesmo Ser. Entretanto, ambas as variáveis me parecem ter em comum a busca de "sentido" que pressupõe conhecimento e entendimento essenciais para nosso crescimento, exigindo que empreendamos um processo para nossa autossuperação, requerendo maturidade e expansão de consciência, elementos fundamentais para nossa possível libertação e transcendência.

Conhecimento e crescimento, segundo Dahlke (2007), autor preocupado em compreender a doença, conferem-nos uma nova qualidade interior, uma personalidade mais amadurecida.

Falta/ausência de Espiritualidade, do Sentido da Vida, no meu entendimento, tem estreita relação com Doença, que é compreendida pelo autor como uma ocorrência, um fenômeno repleto de sentido, um significado simbólico que indica conflitos não resolvidos da alma e que pode ser entendida e compreendida, oportunizando-nos desenvolvimento rumo ao amadurecimento, à libertação, à transcendência e à verdadeira cura.

Dahlke (2002), na Introdução de seu livro *A Doença como Símbolo,* diz que "o corpo é palco de acontecimentos desconhecidos da alma e, alçado à condição de palco, nele encontramos representada nossa tarefa de crescimento e aprendizado" (p. 7).

Quanto maior for o desejo de sentido a ser encontrado na vida, como nos diz Frankl (1991), mais amplo será o sentido de interpretação de se deixar conhecer, havendo mais saúde e menos doença.

O "Eu Doente", o lado destruidor, e o "Eu Saudável", o lado capaz de nos resgatar do caos, expressões utilizadas por Cabrera (2007), assim como o "Olhar para Baixo" e o "Olhar para Cima", expressões utilizadas por Grum e Dufner (2004), aspectos aparentemente opostos de nossa personalidade, lutam o tempo todo pelo comando de sua história, numa batalha inglória pela assunção de nossas escolhas, e, entretanto coexistem e nos tecem como seres humanos que pensam, sentem, significam e agem.

Este mundo complexo que nos tece e entretece precisa ser explorado para que possamos compreender que é possível, sim, ser espiritual, saudável e livre, com possibilidades, também, de facilmente adoecer e de ser prisioneiro pela posição assumida e pelas escolhas realizadas, o que retrata bem a importância da consciência enquanto unidade e dualidade inseparáveis.

Importante se faz não nos engessarmos em uma única teoria, conseguindo ir além, o que implica reavaliar nossos pré-conceitos e pré-valores, usando nossa criatividade, saindo da rotina, gerenciando nossos pensamentos, administrando nossas emoções para, num ato empreendedor, ousado e criativo, conseguirmos ser autores de uma nova e inovadora história na qual cada um de nós, segundo Cabrera (2007), deve procurar sentir-se "livre para começar um novo, inédito e surpreendente trabalho terapêutico. Nenhuma força exterior é capaz de mudar nossa história e ninguém tem o poder de mudar ninguém" (p. 17-18).

Complementa a mesma autora (2007),

> Mudança é algo que acontece de dentro para fora, e só quando a própria pessoa quer mudar, e quer de verdade do fundo do coração, de sua vontade e de sua razão que é lúcida e determinada a pagar os preços para que a mudança possa acontecer, é possível o início do processo de uma verdadeira transformação. (p. 18)

A autora, em seu livro, diz ter imaginado que, ao combater o "Eu Doente", este se enfraqueceria, perderia poder, e o "Eu Saudável" assumiria o controle de nossa vida, por meio de escolhas mais adequadas. Entretanto, em seus estudos, descobriu estar a falha "em não saber contra quem estava lutando". Cabrera (2007) aprendeu, ainda, que "somente seu 'Eu saudável' poderia retomar a direção de sua vida. Jogar o 'Eu Doente' como pano de fundo do cenário de sua história e ser autor, ator e diretor de uma história melhor" (p. 19).

Um "Eu Doente", fortalecido a ponto de ser o autor de nossas histórias, torna-se tão totalmente presente que continua sendo diretor, ator, iluminador, coreógrafo no palco do exercício de nossas vidas.

Nas palavras da autora (2007),

> A liberdade espiritual do ser humano, a qual não se lhe pode tirar permite-lhe, até o último suspiro, configurar a sua vida de modo que tenha sentido. Pois não somente uma vida ativa tem sentido [...] Se é que a Vida tem sentido, também o sofrimento necessariamente o terá." (p. 19)

Fica como alerta para nossa reflexão do que até aqui foi expresso a contribuição trazida por Chopra (2004) de que, se a

consciência é o conjunto de tudo aquilo em que prestamos atenção [...], um estado de atenção superior vai além de objetivos, não sendo estimulado pelas circunstâncias nem perturbado pelas crises do dia a dia [...] a consciência interior é serena, e, acima de tudo, plácida.(p. 136-137)

Educação para a inteireza: um (re)descobrir - alguns indicadores

Como educadora e pesquisadora na Linha de Pesquisa Pessoa e Educação do PPGE/PUCRS, cada vez mais acredito na possibilidade de uma Educação Inicial e Continuada numa perspectiva paradigmática Integral, Holística, Transdisciplinar, a qual contemple o Ser Humano em sua Inteireza (corpo, coração, mente, espírito), buscando o equilíbrio que promova o autoconhecimento e a construção de paz dentro e fora de si, passando a ser autorresponsável pela busca e pela manutenção de sua saúde, mediada pela expansão de sua consciência.

Concordo com Souza (2008) para quem

> [...] a mais original de todas as perguntas devesse ser compreendida como um convite a uma intervenção na vida, a construção de uma forma de agir - uma ética - que significa, em última análise, que o sentido da vida não é uma questão de perguntar, mas de agir. (p. 83)

Estudos que empreendo com meu Grupo de Pesquisa, envolvendo as variáveis Espiritualidade, Inteireza, Autoformação e Educação Continuada, apontam significativos indicadores que poderão iluminar possíveis alternativas de orientação que encaminhem nossas ações, numa perspectiva de maior autoconhecimento de nossa real essência, Espiritualidade e sua importância no equilíbrio e na saúde de nossa inteireza. Especial atenção vem sendo enfatizada na Dimensão Espiritual, responsável primeira de nossa Saúde e consequente qualidade de Vida para promoção da tão sonhada Felicidade, explicitada nas buscas e nos investimentos que vêm sendo feitos em nossa Educação Inicial e Continuada.

Tendo como objetivo maior a pretensão de empreender estudos e pesquisas que deixassem desvelar a necessidade premente de "Educar o Sagrado" que nos constitui e ilumina, em 2002 criei e credenciei/CNPq, e no Programa de Pós-Graduação em Educação em que atuo, na PUCRS, um grupo de Pesquisa denominado "Educação para a Inteireza: um (re)-descobrir-se". O referido Grupo está estruturado em dois eixos fundantes: Inteligência Espiritual e Inteireza do Ser, os quais, embora separados por questões de foco de estudo, interconectam-se e complementam-se em sua inseparabilidade (Portal, 2007).

Socializar com os leitores os achados resultantes de algumas pesquisas do grupo e de dissertações e teses por mim orientadas, entendo ser responsabilidade social da universidade, espaço privilegiado de diálogo, de exercício do livre-arbítrio; lugar onde professores e alunos poderão encontrar condições para desdobrar suas potencialidades, ampliar suas consciências, decidir com responsabilidade sobre os critérios de suas ações, realizando um desenvolvimento harmonioso de seu Ser. A universidade tem, sem dúvidas, como instituição social e espaço de aprendizagem, oportunidade de propiciar a construção de um novo modo de Ser, incluindo nesse processo compreensão, tolerância, respeito, consideração, amor, ética e paz que se nos desvelam os modos de ser próprios de uma cultura transdisciplinar (Nicolescu, 2001), o que me parece ser o que desejamos construir.

Como primeiro indicado dessas investigações, acredito ser importante destacar que, embora tenhamos certas resistências em concordar, existem, sim, ressalvadas as características de nossa contemporaneidade de mundo, de sociedade e de cultura, profissionais da Educação, "sujeitos inteiros" que buscam permanentemente o equilíbrio dessa inteireza no desafio e no investimento diário de dar Sentido às suas Vidas, sendo nelas coerentes e, portanto, saudáveis. Sujeitos com credibilidade, considerados como aqueles que "fazem a diferença" pela coerência de suas ações e pela firmeza de princípios desvelados em suas práticas diárias.

Tais resultados são emergentes de um dos estudos realizados em três universidades de Porto Alegre, com professores de cursos de Pedagogia, em Projeto denominado "O Despertar da Inteireza: um pensar ousado e uma prática integrada para a importância e significado da Vida Humana/

FAPERGS/CNPq". A investigação apontou a coerência dos comportamentos (pensar, sentir, significar, agir) dos professores investigados, que, na avaliação de seus alunos, segundo critérios de Inteireza (Wilber, 2003), deixam desvelar em suas práticas docentes os sujeitos "inteiros" que são, ou seja, levando-os a serem considerados educadores que fazem a diferença. Caracterizam-se pela coerência de um pensar ousado e por uma prática integrada, justificada pela importância e pelo significado que atribuem à sua Vida, que se evidencia em seu compromisso como "formadores de formadores", gestores de pessoas, mostrando ser possível fazer a diferença, iluminando, por seu exemplo e sua referência, uma Educação de Inteireza.

Outro estudo traz como indicador relevante as buscas que profissionais docentes de Ensino Superior empreendem nas alternativas e nas oportunidades de sua Educação Continuada, tendo como foco da investigação as dimensões que os constituem (social, emocional, espiritual e racional). Essa pesquisa, denominada"Educação Continuada: um interesse institucional na construção da Inteireza de docentes do Ensino Superior", desdobrou-se em dois projetos envolvendo respectivamente professores docentes de diferentes cursos de educação em diferentes níveis (Pedagogia e Doutorado) de universidades do Rio Grande do Sul, cada um deles trazendo resultados merecedores de nossa especial atenção. O primeiro, uma reedição de dissertação de mestrado defendida por Franciscone (2006), investigou professores doutores de programas de doutorado em educação de universidades do Rio Grande do sul, escolhidos pelas significativas buscas em Educação Continuada, exibidas em seus currículos lattes. Questionados sobre suas compreensões a respeito de Educação Continuada, intencionalidades e implicações das buscas nela empreendidas, revelaram, tal como Franciscone, ter um entendimento e buscas restritos e limitados à qualificação profissional, premidos, cada vez mais, em suas justificativas pelas exigências Institucionais, eximindo-se de suas responsabilidades. Desafiados a pensar em suas dimensões constitutivas, dupla foi sua surpresa: serem seres de Inteireza (sociais, emocionais, espirituais e racionais) e estarem negligenciando dimensões fundantes da estrutura de seu Ser, em detrimento da Racional/Cognitiva. Embora alguns dos docentes já tivessem, em relação à sua constituição, algum entendimento, reconheceram e confirmaram estar descurando, principalmente, as dimensões emocional e espiritual. Instigados a pensar sobre as possíveis implicações dessas constatações, foram unânimes em acreditar que, se nelas investissem, com certeza teriam repercussões significativas e influenciadoras para maior e melhor saúde e qualidade em suas vidas. Estaria subjacente a essas conclusões a importância das reflexões propiciadas pela pesquisa?

O segundo projeto, com o mesmo enfoque, diferentemente do primeiro, experienciou outros critérios na escolha e na seleção dos professores, sujeitos da investigação. Nesse, o critério recaiu em docentes do ensino superior de universidades de Porto Alegre, participantes da primeira pesquisa, "Educação para a Inteireza: um pensar ousado e uma prática integrada pela importância e significado que atribuem à vida", relatada anteriormente neste artigo, e considerados por seus alunos como "docentes de Inteireza", como "educadores que fazem a diferença". Tal decisão se justificou pela curiosidade do grupo em descobrir se os "professores de inteireza", investigados na primeira pesquisa, possuíam diferente entendimento de Educação Continuada e se estariam fazendo buscas diferentes dos professores doutores selecionados aleatoriamente pela análise de seus currículos lattes e investigados no primeiro projeto de Educação Continuada também já referido.

Nossa curiosidade encontrou nos resultados sua resposta: "professores de inteireza", assim avaliados por seus alunos pela coerência do que são, relacionada a seu pensar, sentir, significar e agir em sua prática docente, têm distinta compreensão do que implica ser Educação Continuada: "tudo o que se constrói ao longo da vida para melhor Ser". Reconhecem que, embora suas buscas ainda estejam mais acentuadas na Dimensão Cognitiva (Mente) pelas exigências Institucionais também mencionadas pelos professores doutores, canalizam e dispensam simultânea atenção às demais dimensões que os constituem por considerá-las inerentes e essenciais em Si e de Si, inter-relacionadas e corresponsáveis por seu maior equilíbrio e consequente saúde e qualidade de Vida, contribuindo para seu autoconhecimento e sua autoformação.

Instigados por esses resultados distintos, decidiu o grupo encaminhar outro Projeto ao CNPq, o qual foi contemplado pelo Edital Universal/CNPq/2009/2011. O referido projeto propõe-se a investigar oito universidades do Rio Grande do Sul, com um universo relacionado a "professores de Inteireza", segundo os mesmos critérios do projeto anterior, contemplando a mesma temática e o mesmo foco: O que pensam ser Educação

Continuada e quais têm sido suas buscas, considerando as dimensões que os constituem, aliadas ao interesse da universidade em sua oferta.

A análise dos resultados nos acenam para a confirmação de que "professores de inteireza" pensam Educação Continuada como todas as oportunidades que a Vida lhes oferece para suas buscas de si e do nós, de conhecimento, de sentido e de felicidade (Josso, 2004), na perspectiva de um compromisso com sua Inteireza. Uma responsabilidade que compreendem ser sua, individual e coletiva, considerando-se os investimentos que fazem para alcance de maior plenitude.

Diante de tais resultados, não estariam explicitados alguns indicadores da necessidade de um olhar sensível para os cursos de formação Inicial e continuada e para as capacitações em serviço a fim de que se repensem as propostas de formações que estão oferecendo?

Ao me reportar aos meus orientandos, julguei pertinente ressaltar duas teses de doutorado em Educação, uma de Zorzan (2009) e a outra de Goulart (2009), defendidas no programa e que se preocuparam em apontar, como resultado de suas investigações, a possibilidade de propiciar espaços nos ambientes de trabalho (escolas) para o desenvolvimento de propostas de ampliação de consciência de alunos e professores que, sensibilizados, acreditaram nessa possibilidade e se disponibilizaram à experiência, respaldados nos indicadores de Educação para a Inteireza, numa perspectiva transdisciplinar. As duas teses sinalizam, pelas propostas desenvolvidas, a possibilidade de expansão de consciência com implicações significativas para uma Vida Saudável e de Qualidade para os professores, com respectivas e comprovadas influências na Vida de seus alunos.

Zorzan (2009) anuncia, com o desenvolvimento de sua investigação, a defesa de sua tese: "A prática de vivências de autoformação contribui, significativamente, para a constituição de experiências de ampliação das consciências espiritual e social do sujeito aprendente, possibilitando integrar-se consigo mesmo e com o outro, repercutindo na aprendizagem do espaço escolar" (p. 314). Ele afirma.

> [...] seu estudo ter permitido verificar a importância do trabalho pedagógico de autoformação com os sujeitos (alunos) para ampliação das consciências espiritual e social, de modo a possibilitar a saída das cegueiras nas

> relações humanas, a aprendizagem da arte de viver e o desenvolvimento integral (das inteligências do ser humano). (p. 253)

Goulart (2009), em sua proposta de analisar as espirais da subjetividade revelada na Inteireza dos educadores para a construção de seu processo autoformativo, sustentada em uma perspectiva filosófica e humanista, revisitada pelos olhares da psicologia transpessoal, da antropologia, da transdisciplinaridade e da complexidade, defende sua tese: "Pensar a existência humana e a projeção de uma cultura que valorize a Inteireza do Ser pode auxiliar na modificação do que chamamos de contrassenso educativo, onde não se assume a sua condição de ser em processo e impossibilita o seu *ser e estar no mundo"* (p. 292). O estudo revela

> [...] que as espirais da autoformação do educador, alicerçadas em sua subjetividade contribuem para desvelar a sua Inteireza e a transformação desse cenário, bem como potencializam as experiências de transcendência do "eu" e do "outro", mediados pela interlocução com a própria natureza para desenhar uma Pedagogia essencialmente voltada para sua Felicidade.

Das dissertações de mestrado, destaco em especial a defendida por Cordeiro (2005), que vivenciou a possibilidade de contemplar as diferentes dimensões constitutivas do Ser no planejamento e na elaboração do projeto político-pedagógico de uma instituição de ensino do estado, sensibilizando seus integrantes para a importância de a proposta viabilizar uma Educação para a Inteireza. A autora afirma que

> [...] a caracterização e estudo de cada dimensão constitutiva do ser humano possibilitaram aos entrevistados (professores) a construção de objetivos e atividades que viessem a constituir a Proposta Educativa da Escola, num desconstruir/reconstruir coletivo que possibilitasse o desenvolvimento do Ser Integral. O desenvolvimento do ser humano na sua Inteireza: uma Proposta Educativa possível foi um estudo que pretendeu apontar para uma

> necessidade emergente de repensar a educação e a formação dos sujeitos nela envolvidos, oferecendo referenciais inspiradores de uma Proposta Educativa comprometida com a vivência de vida das pessoas e do mundo. (p.116)

Diante dos estudos realizados e das revelações das investigações que me propus a socializar, encaminho-me para o final deste artigo, deixando aos leitores algumas provocações:

- É possível investir em autoformação que contemple nossas dimensões constitutivas, com significativas implicações em nossas Vidas?
- É possível abrir espaços nas instituições de ensino para o exercício de expansão de nossa consciência?
- É importante que escolas e universidades repensem seu interesse em propiciar espaços e propostas de Educação Continuada que objetivem, prioritariamente, o investimento em uma Educação para a Inteireza de professores e alunos?
- É promissor que escolas e universidades ressignifiquem seus entendimentos de responsabilidade social?
- É urgente a necessidade de investir na expansão da consciência para assumirmos responsabilidade e compromisso com a Vida, resultado de nossas opções?

Confiante na possibilidade de uma Educação que contemple o Ser Humano em sua Inteireza, acreditando em nossa incompletude e responsabilidade de autossuperação e transcendência pela expansão de nossa consciência, entendendo o comprometimento e a responsabilidade social das Instituições Educacionais na concretização dessa proposta, compreendendo o amor como o sentimento que nos mobiliza ao conhecimento do Ser e o espírito como o diferenciador de nossa humanidade, ficam as questões acima em aberto, para que iluminem nossa decisão na direção de nossa ligação originária com o Sagrado, que nos possibilita perceber nosso lugar no mundo, vivenciando a completude de pertencer à coreografia da Mente Universal e do Ser como expressão da Inteligência Superior que por Ele se manifesta.

Referências bibliográficas

Cabrera, S. (2007). *Duas vidas uma escolha.* São Paulo: Academia de Inteligência.

Chopra, D. (2004). *Conexão Saúde, Como ativar as energias positivas do seu organismo e a ter saúde perfeita.* São Paulo: Best Seller.

Cordeiro, L. P. (2005). *O Desenvolvimento do Ser Humano na sua Inteireza: uma Proposta Educativa Possível.* Dissertação de Mestrado em Educação, PPGE/PUCRS, Porto Alegre:

Dahlke, R. (2007). *A Doença como Linguagem da Alma, Os sintomas como Oportunidades de Desenvolvimento.* São Paulo: Cultrix.

______ (2002). *A Doença como Símbolo, Pequena Enciclopédia de Psicossomática.* São Paulo: Cultrix.

Franciscone, F. (2006). *Educação Continuada: um olhar para além do espelho, iluminando mente, corpo, coração e espírito do docente do ensino superior.* Dissertação de Mestrado em Educação, PUCRS, Porto Alegre.

Frankl, V. (1999). *Em Busca de Sentido.* Petrópolis: Vozes.

Freire, P. (1999). *Pedagogia da Autonomia: Saberes necessários à Prática Educativa.* São Paulo: Paz e Terra.

Goulart, M. R. (2009). *As Espirais da Subjetividade Reveladas na Inteireza do Educador para a Construção do seu Processo Autoformativo.* Tese de Doutorado em Educação, PPGE/PUCRS, Porto Alegre.

Grün, D. (2004). *Espiritualidade a Partir de Si Mesmo.* Petrópolis: Vozes.

Josso, M. C. (2004). *Experiência de Vida e Formação.* São Paulo: Cortez.

Nicolescu, B. (2001). *O Manifesto da Transdisciplinaridade.* São Paulo: TRIOM.

Portal, Leda Lísia. F. Educação para a Inteireza: um (re) descobrir-se. Revista Educação, Edição especial. Faculdade de Educação. Programa de Pós--Draduação da PUCRS. Vol 29, n.1

Salgueiro, J. B., & Goldim, J. R. (2007). As Múltiplas Interfaces da Bioética com a Religião e a Espiritualidade. IN: J. R. Goldim (Org.) *Bioética & Espiritualidade* (pp. 11-27). Porto Alegre: EDIPUCRS.

Simha, A. (2009). *A Consciência Do Corpo ao Sujeito*. Petrópolis: Vozes.

Souza, R. T. de. (2008). *Sobre a Construção do sentido. O pensar e o agir entre a vida e a filosofia*. São Paulo: Perspectiva.

Souza e Silva, V. L. (2008). Educar para a Transpessoalidade: encontro com o Ser Integral. In: M. C. Barros (Org.) *A Consciência em Expansão: Os caminhos da abordagem transpessoal na educação, na clínica e nas organizações* (pp. 102-120). Porto Alegre: EDIPUCRS.

Teixeira, C. M. (2007). O ser humano, espiritualidade, tanatologia, bioética à luz do Espiritismo. In: J. R. GOLDIM (Org.) *Bioética & Espiritualidade* (p. 84-117). Porto Alegre: EDIPUCRS.

Wilber, K. (2003). *Uma Teoria do Tudo*. São Paulo: Cultrix.

Zorzan, A. L. (2009). *Consciência Espiritual e Social na Escola: processo educativo necessário para a formação humana*. Tese de Doutorado em Educação, PPGE/PUCRS, Porto Alegre.

A SACRALIDADE DA NATUREZA: EDUCAÇÃO ESTÉTICA E ARTETERAPIA COM UM GRUPO DE MULHERES

Graciela Ormezzano[1]
Franciele S. Gallina[2]

Para o ser humano que vivencia a dimensão espiritual, a natureza está carregada de valores simbólicos, arquetípicos, míticos e, por que não, religiosos. Eliade (1994) justifica essa cosmovisão por entender que o Cosmos é uma criação divina; por conseguinte, o mundo está impregnado de sacralidade. O sobrenatural revela-se por meio do natural porque a natureza expressa algo transcendente. Assim, a simples contemplação do ambiente natural pode desencadear uma experiência cósmica em nós.

Desde a Antiguidade, as relações humanas com a natureza fundamentavam-se em uma cosmologia que incluía deuses, semideuses e espíritos, ou as forças da natureza eram dotadas de alma, conferindo sentido de separação, não de união, ao ser que se sentia à mercê dessas potências superiores. Os filósofos pré-socráticos, na tentativa de encontrar respostas para as origens da vida, buscaram em Hipócrates e Empédocles as bases de uma teoria da matéria-prima, associando os humores aos quatro elementos e às estações do ano, ou seja, relacionaram a bile amarela com o elemento

---

[1] Professora de Escultura pela Escuela Nacional de Bellas Artes Prilidiano Pueyrredón, Buenos Aires, Argentina. Licenciada em Educação Artística: Habilitação em Artes Plásticas pela Universidade Federal do Rio Grande do Sul. Especialista em Arteterapia em Educação e Saúde pela Universidade Candido Mendes, RJ. Mestre e Doutora em Educação pela Pontifícia Universidade Católica do Rio Grande do Sul. Pós-doutorado na Universidad Complutense de Madrid. Docente e pesquisadora do Curso de Artes Visuais e do Programa de Pós-Graduação *Stricto Sensu* em Educação, Coordenadora do Curso de Especialização em Arteterapia da Universidade de Passo Fundo.

[2] Licenciada em Educação Artística: Habilitação em Artes Plásticas e Mestranda em Educação na Universidade de Passo Fundo com bolsa CAPES.

fogo e com a estação verão; a bile negra com a terra e o outono; o sangue com o ar e a primavera; e a flegma com a água e o inverno (Barros, 2002).

Mais tarde, também inspirado na teoria hipocrática, Platão (1977) distinguiu as doenças do corpo e da alma. Assim, afirmava que as enfermidades somáticas podiam ocorrer por um desequilíbrio produzido nos quatro elementos da matéria, ao passo que as doenças da alma chamadas "demência" seriam do domínio da ignorância ou da loucura e estariam associadas a um bloqueio da alma racional quando esta não consegue dominar a alma mortal (Siqueira-Batista & Schramm, 2004).

Com base nessas ideias, lembramos que os quatro elementos básicos da matéria, presentes no mundo natural, encontram-se representados nos rituais de consagração liderados por sacerdotes ou xamãs realizados em diversas culturas, denominadas de "civilizadas" ou supostamente "primitivas", embora tal classificação nos leve a profundas discussões que não fazem parte do escopo deste texto.

O nosso objetivo foi observar a significação de quatro encontros realizados com mulheres que possuíam diversos tipos de sofrimento psíquico em atividades educativas estéticas e arteterapêuticas, relacionando os quatro elementos da matéria (terra, água, fogo, ar) com diferentes materiais, na tentativa de contribuir para o equilíbrio psíquico dessas pessoas cujos tipos psicológicos são diferentes.

As mulheres que participaram do estudo frequentam um Centro de Atenção Psicossocial (CAPS II) localizado em cidade do norte do Rio Grande do Sul. É um serviço aberto criado para acolher os pacientes com transtornos mentais, assim como seus familiares. Nesse centro, foi elaborado um plano terapêutico, ou seja, um plano de tratamento feito pela equipe técnica especialmente para cada pessoa, no qual se encontram as atividades ministradas por nós.

O grupo estava composto por doze mulheres, entre 28 e 55 anos de idade, vivenciando diversas situações familiares, algumas de religião católica e outras evangélicas, que apresentavam diferentes diagnósticos psiquiátricos e possuíam os critérios exigidos para frequentar o centro.

Organizamos a intervenção ao longo de quatro meses em encontros semanais, com um trabalho de grupo focado em atividades que incluíam a música, a dança, a colagem, o desenho, a modelagem em argila e a pintura. A ideia de trabalharmos com os quatro elementos surgiu das falas do grupo; os quatro encontros foram realizados no último mês antes do Natal, quando nos despedimos até o ano seguinte. Justificamos a utilização dessas linguagens expressivas com as usuárias do CAPS porque o conteúdo das imagens, ao ser verbalizado, passa à esfera do auditivo, o que determina diálogos entre consciente e inconsciente.

Bernardo (2008) estudou a simbologia dos quatro elementos, das quatro funções básicas da consciência e das operações alquímicas a eles relacionadas nas mitologias de vários povos, chegando ao entendimento de que utilizar essas relações no processo arteterapêutico promove o desenvolvimento da personalidade, o respeito às diferenças, a colaboração com outros e a melhoria da qualidade de vida.

Realizamos a compreensão das imagens, cada uma selecionada para cada encontro, todas de diferentes autoras, por meio da Leitura Transtextual Singular de Imagens, proposta por Ormezzano (2009), que considera os aspectos compositivos da linguagem visual, a simbologia espacial, a simbologia das cores, as referências do imaginário e, finalmente, a síntese da imagem.

Assim, iniciamos o itinerário deste texto pela relação entre os quatro elementos e as quatro funções básicas da consciência; seguimos pela leitura das imagens, considerando seus aspectos simbólicos a partir da interpretação das autoras, juntamente com uma descrição breve da interação com o grupo, e, por último, realizamos algumas reflexões finais.

Funções básicas da consciência e elementos da matéria

No livro *Tipos psicológicos,* Jung (2008) parte da sua experiência profissional médica em psiquiatria associada à sociologia, à antropologia, às artes, à filosofia, à religião, à teoria da educação e, mais especificamente, à obra de Friedrich Schiller (1997), autor de *Cartas sobre a educação estética do homem,* que influenciou o pensamento do médico suíço desde muito novo. É justamente nesse encontro que deparamos com o espaço teórico apropriado para fundamentar nosso estudo: a educação estética e a psicologia analítica criada por Jung.

Schiller, no século XVIII, retomou o problema da beleza, estudado desde a Antiga Grécia do ponto de vista da formação humana, nascendo, assim, o conceito de "educação estética". Na terminologia de Schiller (1997), educação não difere de formação; educação é um auxílio pedagógico para fazer possível a formação do sujeito. Assim, trata-se de um estado de recepção produtiva da arte e da criação artística, no qual se experimenta a síntese da racionalidade e das pulsões naturais. A experiência estética pode ser entendida como possibilidade humana de experimentar a felicidade, a satisfação e a plenitude de um presente sobre o qual se esboça um futuro de esperança e de vida melhor.

A educação estética recolhe as características de uma poética fundamentada na ideia de formação de Schiller, a qual é compartilhada com Goethe, outro autor muito caro a Jung, o qual pensa a personalidade harmônica como o produto de um projeto pedagógico em que se desenvolve o espírito, fundindo pensamento e sentimento, ser humano e natureza.

Jung (2008) divide a personalidade em dois modos básicos: introvertido e extrovertido. O primeiro percebe o mundo de acordo com sua própria situação; o segundo define-se conforme o que acontece ao seu redor. A esses grupos, a experiência do psiquiatra acrescentou as quatro funções básicas da consciência – pensamento, sentimento, sensação e intuição –, criando, então, oito tipos psicológicos, que unem o modo básico com a função; por exemplo, pensamento extrovertido ou sensação introvertida, e os outros seis tipos que surgem dessa ligação. A ideia de Jung não foi reduzir ou classificar as pessoas, mas mostrar as diferenças pessoais e, assim, auxiliar no processo de autoconhecimento.

Não podemos esquecer que Bair (2006), na extensa biografia escrita sobre Jung, menciona que Freud, ao ler o livro sobre a tipologia, declarou: "[...] a obra de um esnobe e místico, nenhuma ideia nova [...]" (p. 371). Imaginamos que os leitores devem entender essa reação como óbvia, quando os pesquisadores da academia materialista se sentem *touché* por teorias que os fazem balançar em suas crenças. Entretanto, Jacobi, também citado por Bair (2006), ao comentar a teoria junguiana, afirmou: "Fora o aspecto médico, a psicoterapia de Jung é então um sistema de educação e orientação espiritual, uma ajuda na formação da personalidade" (p. 350).

Levando em conta o comentário de Jacobi, sendo nós educadoras e buscando em nossa ação profissional considerar a dimensão espiritual do ser humano, optamos por utilizar a teoria de Jung no relativo aos aspectos simbólicos e às funções conscienciais humanas. Vejamos, então, de que modo Bernardo (2008) as relaciona com os elementos da matéria: a função sentimento identifica-se com o elemento Água; a função pensamento liga-se ao elemento Ar; a função sensação relaciona-se ao elemento Terra; e a função intuição vincula-se ao elemento Fogo. Os sujeitos dominados pelo tipo função sentimento não apenas partem de sua interioridade para avaliar algum evento, mas também possuem capacidade de empatia e têm dificuldades ou não conseguem colocar limites com medo de magoar o outro. As pessoas em quem a função pensamento se sobressai em relação às outras funções procuram leis gerais para avaliar situações, distanciam-se com facilidade do aspecto emocional, utilizam a lógica e atuam com imparcialidade. Em relação à função sensação, podemos falar de pessoas com os órgãos dos sentidos bem desenvolvidos, as quais apresentam atitudes práticas, focadas na realidade, ligadas ao presente, pouco inovadoras e que gostam de lidar com dados concretos. Com a função intuição em destaque, observaremos sujeitos muito criativos, tendo dificuldade para se enquadrar em padrões rígidos de comportamento, e que, além disso, percebem o que está presente na energia não materializada e captam potencialidades.

Chevalier e Gheerbrant (2002) apresentam o simbolismo dos quatro elementos, segundo as cosmogonias tradicionais, da seguinte maneira: a água é um elemento passivo e feminino, cuja significação simbólica podemos resumir como fonte de vida, purificação e regenerescência; o ar é ativo e masculino, simbolizando espiritualização, associado ao céu, ao vento e ao sopro; a terra é elemento passivo e feminino, substância universal, caos primordial, e expressa a função maternal; o fogo é um elemento ativo e masculino como o ar e simboliza a purificação, como a água nos rituais iniciáticos de morte e renascimento.

As teorias até aqui mencionadas, juntamente com a cosmovisão estética proposta por Maffesoli (1995), permitirão compreender melhor a complexa rede de situações humanas, os modos de sentir em conjunto e suas significações. Esse autor retoma o ideal comunitário, esmagado pela racionalização da modernidade, mas renascendo nas mais diversas formas de solidariedade que convivem discretamente no cotidiano, as quais suscitam ações generosas e dirigem-se ao afeto dos seus membros, aos humores e às dimensões não inteligíveis, procurando formas de convívio presentes mais organizadas.

A teoria junguiana foi subsídio fundamental para desenvolver as pesquisas do imaginário realizadas por Gilbert Durand (2001) e continuadas por Maffesoli, nas quais a imagem que serve de suporte a símbolos e arquétipos religa as pessoas em sua cotidianidade. A ênfase é colocada no mito que permite uma narrativa do sentir em comum no que podemos denominar "imaginário social". Então, observemos o que o discurso que as imagens produzidas no ateliê nos revela desse cotidiano.

A água

A cada encontro, foi utilizado um elemento da matéria. Nas quatro sessões relatadas, iniciamos com uma distensão corpo-mente e exercícios respiratórios retirados do *hatha-yoga,* de modo tal que as participantes não se preocupassem com o mundo exterior e se concentrassem, havendo uma presença real no espaço do ateliê e na interioridade. Corpo e alma, aqui e agora.

Então, começamos propondo uma atividade relacionada ao elemento água com tinta guache sobre papéis canson. Dos quatro elementos, escolhemos, inicialmente, a água porque é nela que nos geramos; é ela que expressa a vida e a valorização feminina. Ouvimos o som da água de olhos fechados e imaginamos um lugar onde desejaríamos estar. Que sensações esse lugar provoca? Que sentimentos vivenciamos? O que acontece com a água parada ou corrente? Imaginamos nossas mãos na água, as pontas dos pés, o corpo todo, mergulhando e molhando a cabeça, se assim o desejamos. Depois de um profundo mergulho, retornamos à superfície. Que energia percebemos nessa imersão?

As participantes tentam expressar no papel o que sentiram, utilizando tinta guache misturada com mais ou menos água, tendo a possibilidade de pintar pingando-a com os dedos ou com pincéis. Durante a pintura, elas falam da importância da água e da necessidade de economizá-la; dão umas às outras lições de cidadania, de cuidado com os bens não renováveis, de amor pela natureza.

Na pintura realizada por uma das usuárias, observamos uma técnica de pontilhado por pingado que depois se mistura com a participação dos pincéis, integrando a imagem com a utilização de cores primárias – azul, vermelho e amarelo. Ela disse que se imaginou molhando-se em um rio de água muito limpa, onde brincava com as crianças, num dia ensolarado. Essa mulher está com 28 anos de idade, é casada e tem cinco filhos; ingressou no CAPS há três anos, após várias tentativas de suicídio e sucessivas internações.

Significação do elemento água

A pintura foi conformando-se pelos pontos vermelhos e amarelos, pelos pingos dc água; nova interferência de tinta voando como pássaros azuis, manchando a superfície do papel até a conclusão da imagem. Na nossa percepção, conforme Kandinsky (2007), o ponto é a ponte essencial entre a palavra e o silêncio; oculta diversas propriedades humanas; é uma fala com reservas, que simboliza a interrupção, a não existência. No domínio puro da natureza, podemos observar diversos grupos de pontos, determinados por uma necessidade prática e orgânica; pequenos corpúsculos que se unem para formar o mundo, que consta de infinitos conglomerados cósmicos e autossuficientes, os quais formam diferentes figuras que flutuam no espaço geométrico infinito. Nessa imagem, o ponto desenvolveu uma força constituída pela tradução do som, que nos remetia ao elemento água. A materialidade da tinta incluiu inúmeras formas e tamanhos, que transformaram os pontos em sonoridades de diferentes timbres, intensidades e ritmos. Sons e silêncios.

Em relação às cores escolhidas, Portal (1996) infere que o amarelo e o vermelho podem significar a luz do sol e o amor pelas crianças, mas também a chuva de enxofre que caiu em Sodoma sobre os ímpios ou o fogo do inferno, que incinera nossas paixões. A cor azul utilizada para finalizar a pintura pode simbolizar a verdade e a eternidade, mas talvez expresse o desejo de morte. A morte é azul.

De acordo com o imaginário da autora, o simbolismo do rio implica fluidez. Se o rio estiver simbolizando a sua existência e o curso da vida, podemos dizer que ela gravita entre a fertilidade e a morte, numa sucessão de desejos e sentimentos pontuados por uma enorme variação de desvios marcados no próprio corpo.

Sobre as águas limpas, Eliade fala que possuem em si mesmas uma virtude purificadora e sagrada, que apaga as infrações e as máculas. A imersão nela é regeneradora, na medida em que opera um renascimento e a emergência de um novo estado, uma iniciação. A devoção popular considerou o valor sagrado da água em manifestações como o batismo, os cultos em torno das nascentes e as fontes em locais de peregrinação. Segundo Eliade (1994), "Qualquer que seja o contexto religioso em que se encontrem, as Águas conservam invariavelmente sua função: desintegram, anulam as formas, 'lavam os pecados', são purificadoras e regeneradoras" (p. 113).

A pintura é abstrata e, por não possuir limites figurativos, nos remete à ideia do devaneio, que contempla a grandeza de um espetáculo natural, provocando na autora uma atitude especial promovida pelo exercício de imaginação ativa, renovando nela a ressonância de banhos no rio já realizados, ou simplesmente imaginados. Numa tentativa de síntese dessa imagem, percebemos que apresenta certa simetria e, talvez, por meio dela, uma busca do equilíbrio entre a imaginação e a razão, o qual lentamente é procurado.

O AR

No encontro que segue, realizamos os exercícios introdutórios de distensão e respiração. Solicitamos que se imaginassem inspirando um ar dourado, que lentamente iluminaria seus corpos, para se sentirem mais saudáveis e menos tensas. Salientamos a importância da respiração em nossas vidas, bem como de prestar atenção ao modo como respiramos. Dessa vez, pensamos numa atividade com o elemento ar, utilizando nanquim, papel encerado, cola branca, purpurina e *glitter* dourados. Dos quatro elementos, optamos por continuar com o ar porque é por meio da respiração que ingressamos na existência terrena. Nos instrumentos de boca, o sopro criador dirige-se ao tubo pela compressão dos lábios; na flauta, o ar penetra pela embocadura e nos conduz à sonoridade dos ventos. Ouvimos sons de flautas primitivas artesanais[3], os quais nos auxiliavam na ligação com a natureza. Também sentimos aromas de incenso.

As usuárias brincavam soprando o nanquim através de canudos sobre o papel, num exercício que possibilitava ao ar dos pulmões dar origem a formas visuais indesejadas. A tinta não obedecia às imagens criadas mentalmente; indisciplinada, não se deixava controlar. Assim, compreenderam que não pintavam somente com as mãos, mas também podiam fazê-lo com a boca. Depois, fizeram formas com cola branca. As participantes podiam também movimentar a folha para a cola correr sobre o papel, dando novas formas às suas expressões e, sobre elas, auxiliadas com colheres que continham pós dourados, sopraram novamente até concluir a imagem.

A autora do desenho que selecionamos para a leitura transtextual chegou sentindo-se bem por ter limpado a casa no final de semana e falava da água como "solvente universal". No desenho realizado por ela, percebemos pontos, linhas curvas e uma grande mancha no alto da folha. Ela comentou que seu desenho era abstrato, porém enxergava mãos e um homem caindo no fundo do mar. Essa usuária tem 36 anos de idade, é solteira e mora sozinha em casa próxima à da irmã; ingressou no CAPS há vinte anos, e o diagnóstico realizado pela médica psiquiatra indica esquizofrenia paranoide. Imagina que as pessoas a agridem com palavrões e sente-se culpada por ter desacatado os pais já falecidos.

---

[3] Daniel Namkhay. *Filhos do Vento*. 1 CD. 1999.

Significação do elemento ar

Dentre os aspectos compositivos da linguagem visual, o ponto aparece mais uma vez; ele existe em todas as artes, como final de frases na literatura, de notas musicais ou passos no teatro e na dança. Kandinsky (2007) escreve: "Nas antigas formas de *ballet*, existiam *pointes*, término derivado de *point* = ponto. Correr nas pontas dos pés equivale a ir regando pontos no chão" (p. 37). Nesse caso, é preciso que observemos as características do tipo de papel, a ferramenta utilizada e o modo de aplicação do material. O som do ponto será diferente conforme a variação dos modos de produção e também pela escuta das flautas. Assim, o som dessa abstração possui um sentido pleno e descoberto, não se encontrando submetido à figuração. Os pontos desenhados no canto inferior direito estão relacionados à vida instintiva e à mãe pessoal (Zimmermann, 1992).

A fusão de vários pontos próximos entre si gera outro ente, a linha; ela é o traço que marca o ponto em seu dinamismo. O desenho apresenta linhas curvas no centro da folha, as quais esboçam um plano; vemos uma semelhança com o círculo por estar constituído de tensões gestuais circulares. A linha aparece no ambiente natural em todos os fenômenos visíveis e também nos invisíveis, como na propagação da onda sonora no ar.

Segundo Kandinsky (2007), "as plantas, em seu desenvolvimento desde as sementes até a raiz (para baixo), até o talo (para cima), se embasam em pontos e linhas, o que no posterior desenvolvimento conduz a complexos de linhas e a construções de linhas autônomas [...]" (p. 94-95). Os movimentos natatórios de vegetais, a trama de algumas folhas ou a estrutura das coníferas são semelhantes às manchas produzidas nesse desenho, localizadas no centro superior da folha, indicando, segundo a simbologia espacial, o local da razão e do desenvolvimento espiritual.

Quanto à simbologia das cores, preto não é cor, mas valor indicativo de ausência de luz; simboliza a morte carnal e de todo mal. Portal (1996) infere que, apesar de o mal seguir sua rápida carreira, "[...] os profetas anunciam a vinda do santo; o chamam de luz, sol, oriente; e o ouro é seu símbolo, como o é de Honover, de Mitra, de Vishnú, de Amón, de Horus e de Apolo" (p. 149). Aqui não entendemos a simbologia como escolha da autora do desenho, uma vez que foi uma opção nossa, mas qual é o significado que a nossa escolha trouxe para ela? "O emocional tem tudo a ver com o físico", falou. "O homem é espírito e carne", dizem Chevalier e Gheerbrant (2002, p. 496).

Nesse sentido, considerando em primeiro lugar a interpretação da autora do desenho – "homem caindo no fundo do mar" –, percebemos uma tentativa de fusão entre os aspectos masculino e feminino da alma, entre cosmos e caos. Todo arquétipo é dual. Jung (2000) descreve alguns símbolos positivos do arquétipo materno, dentre os quais o mar, e os nefastos, como a morte e a profundidade da água. No desenho dessa mulher atormentada, essa aparente polaridade pode simbolizar os aspectos complementares do ser humano ou de Deus. No nível místico, o espírito é masculino, e a alma que anima a carne, feminina, famosa dualidade da teoria junguiana *animus-anima*.

O símbolo das mãos é comentado por Chevalier e Gheerbrant (2002) em relação ao texto taoísta *Tratado da flor de ouro,* dando a essa parte do corpo o sentido alquimista de coagulação, que se refere ao esforço de concentração espiritual e, também, de dissolução, isto é, ao livre desenvolvimento da interioridade num microcosmo que escapa ao macrocosmo exterior.

Essa complementaridade do interior e do exterior talvez esteja sintetizada nas linhas circulares que se encontram no centro do desenho, geometria que espacializa o pensamento em formas abertas e fechadas, num aquém e num além que esboçam o símbolo do ∞ (infinito), traduzindo a imensidade da imaginação, que se dispersa em um permanente movimento de explosão para o vazio externo e de mergulho na dor que flui para o centro.

A TERRA

Na terceira sessão, pensamos numa atividade com o elemento terra, dispondo de argila para modelagem. Após os exercícios introdutórios, solicitamos que fizessem o reconhecimento do material. Dos quatro elementos, optamos por continuar com a terra, porque é dessa matéria-prima que, nos mitos universais da criação, são produzidos os seres humanos. É ela que oferece e furta a vida, como disse uma das usuárias: "A argila pode ser um futuro ser humano, pois o homem nasceu do barro". Outras acrescentaram: "Dela viemos e a ela retornaremos...". Ouvimos sons de tambores, instrumento que expressa o ritmo do universo, o desenrolar dos ciclos naturais; seu som é grave, misterioso e ressona nas profundidades da alma[4]. O corpo é feito com a madeira das árvores, que se oferecem para sua confecção, e a membrana, com a pele dos animais sacrificados, a qual é percutida na interpretação musical.

As mulheres falavam que com argila podemos fazer panelas, numa clara alusão a uma atividade caseira, amorosa e criativa; também comentavam que se sentiam relaxadas quando mexiam nela. Amassaram, enterraram os dedos, bateram com força, cheiraram, acariciaram, acrescentaram água para o barro ficar mais homogêneo. E, ao som dos tambores, continuaram até concluir uma imagem que expressasse o mito pessoal. Por último, distribuímos arroz a elas para que cada grão simbolizasse um desejo, que, ao ser plantado no barro, poderíamos ver brotar, crescer e, com o nosso empenho, até se realizar.

A mulher que modelou a figura selecionada para a leitura transtextual produziu a imagem muito concentrada e falou que representava "Nossa Senhora". Na imagem modelada, percebemos que ela possui uma ideia espacial de tridimensionalidade e fez uma tentativa de aproximação com o imaginário cristão. A usuária tem quarenta anos de idade, é casada e mora com o esposo e três dos quatro filhos; frequenta o centro há dois anos, após internação e tentativa de suicídio; apresenta transtorno afetivo bipolar e depressão pós-parto, sai pela rua à noite e tem muitos pesadelos.

---

[4] Ivan Raffo. *Allin Qampy*. 1 CD. 1999.

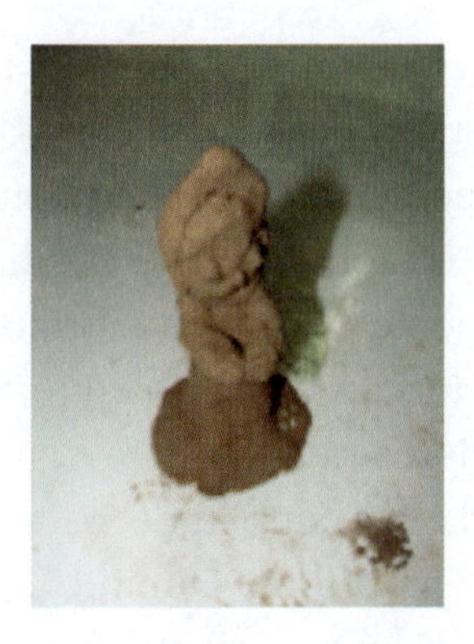

Significação do elemento terra

Essa imagem conduz a relações espaciais mais complexas. Os problemas mecânicos envolvidos no manuseio da argila e a preocupação com que a figura se mantenha firme e em pé indicam uma organização tridimensional mais elaborada, uma inteligência mais apurada no domínio da espacialidade. Não estamos julgando aqui a qualidade artística da imagem, mas a concepção da autora em relação às dimensões tridimensionais, apesar de estar constituída de um único bloco, dos braços em forma de hastes e do modo como foi tratado o rosto, o qual evidencia que ela está numa fase inicial da modelagem.

Quanto à simbologia do material em relação às cores, podemos resumi-la no nome de Adão: *adamah*, argila vermelha, *damah*, sangue vermelho. Apenas uma metáfora que remete às duas faces do humano: o barro, que nos torna pesados, e o sangue, fluido que marca nossa afetividade. Matéria que torna a imagem mental em imagem visível. A esse respeito, Maffesoli (1995) escreve: "É exatamente isso que permite compreender a ligação que estabeleci entre o *Homo religiosus* e o *Homo aestheticus:* a partilha da imagem, a estética que isso suscita, gera a relação, engendra a religação, em suma, favorece a religião" (p. 111).

Nesse sentido, dado que a imagem representa Nossa Senhora, lembramos que, para Eliade (1994), a mulher está solidarizada essencialmente com a Terra. A sacralidade da mulher depende da santidade da terra, e a fecundidade feminina tem como modelo cósmico a *Terra Mater,* capaz de conceber sozinha, sem a necessidade de um parceiro, de modo semelhante ao da Virgem Maria, que engravidou por obra do Espírito Santo. Isso é uma expressão mítica da autossuficiência e da fecundidade da *Genetrix* universal.

Como falamos inicialmente, não se trata somente dos valores econômicos que a fecundidade da terra oferece aos humanos, nem dos valores estéticos com que o ambiente natural nos brinda, mas do encanto que a natureza provoca, da fascinação exercida entre homens e mulheres como um vestígio de antigos valores sagrados.

Se estudarmos em toda sua amplitude o culto da Grande Mãe e sua referência à matéria-prima, conforme Durand (2001), "apercebemo-nos de que oscila entre um simbolismo aquático e um simbolismo telúrico. Se a virgem é *Stella Maris*, não deixa também de ser chamada num velho hino do século XVII 'terra non arabilis quae fructum parturit'" (p. 229).

A nossa entrevistada, na terra arada aos pés de Nossa Senhora, plantou seis grãos, sugerindo que expressou seis desejos. O número seis simboliza os antagonismos, a prova entre o bem e o mal, a oposição entre criatura e Criador, o masculino e o feminino unidos numa estrela de seis braços, simbolizando o ser universal e, provavelmente, a incompatibilidade entre a adoração à Grande Mãe e a depressão sofrida após a última gravidez. Ela tem uma criança de um ano, pela qual sente amor e raiva.

Em síntese, essa matéria-prima, por ser a terra em si mesma, é um bom sustentáculo para nossos afetos. Se as mãos refletem atitudes interiores, vemos nas da imagem uma atitude de introversão e de fé. As mãos da Virgem estão unidas em atitude de prece ou adoração; talvez tenha havido, pelo contato com a terra, uma identificação gestual ancestral. De qualquer modo, estamos diante de uma atividade que confronta a pessoa com seu destino, quiçá trazendo nessa figura um novo desafio ou uma nova atitude diante da realidade que a vida lhe apresenta.

O fogo

Para o último encontro, escolhemos o elemento fogo. Dessa vez, o material constituiu-se de folhas coloridas, giz de cera e velas. Dos quatro elementos, o fogo foi o que encerrou o ciclo, porque nos ritos iniciáticos de morte e renascimento associa-se com o elemento oposto, a água. Assim, a purificação pelo fogo complementa-se com a purificação pela água, o primeiro elemento trabalhado.

O violino é o instrumento que simboliza o elemento fogo[5]. As participantes acenderam uma vela e concentraram-se ao som da música das cordas para escrever em uma folha branca tudo aquilo de que desejavam se livrar. Em seguida, queimaram o papel como numa espécie de ritual de libertação. Depois disso, exercitamo-nos alongando o corpo e preparando--o para dançar uma peça com reminiscências da etnia cigana. Fizemos uma dança circular, ao redor das velas, a qual teve movimentos individuais e coletivos, na tentativa de dissipar os sentimentos desagradáveis e trazer a alegria para dentro do grupo. A alternância de gestos e repouso da dança é expressão do imaginário e da simbologia humana. Quando terminamos a dança, entregamos folhas coloridas, das quais cada participante escolheu uma cor. O desenho foi realizado com giz de cera, cuja ponta foi derretida na chama das velas e depois aplicada sobre o papel.

A participante da oficina que produziu a imagem selecionada para a leitura transtextual disse que se sentira no céu, entre as nuvens, e foi isso que desenhou. A sensação proveio da dança. Ela comentou que para ela esta fora a melhor vivência de todas, pois adora dançar e gostaria que a atividade se repetisse. Essa pessoa tem 42 anos de idade, sendo separada após a traição do marido com sua melhor amiga, mora sozinha e possui um filho que a auxilia e está sempre próximo dela; frequenta o centro há três anos, já se internou dezesseis vezes, a maioria por não aceitar a separação do esposo; tem atitudes agressivas, como atirar pedras nas pessoas, e autodestrutivas, como atear fogo na própria casa.

---

[5] Vittorio Monti. *Czardas*. Intérprete Nigel Kennedy. 1 CD. 1999.

Significação do elemento fogo

A imagem está constituída de traços primários que revelam uma pequena moradia, dois elementos vegetais, duas figuras humanas, uma das quais é a autora do desenho, que se autorretrata por meio de um esquema infantil. A linha de base onde se assentam as cinco figuras esboça uma leve ideia de perspectiva, indicando a linha do horizonte que divide céu e terra cobertos de nuvens coloridas. Contudo, o que atrai a atenção na imagem é o movimento que as linhas curtas e as cores provocam sobre o nosso olhar. Sobre o tema, Arnheim (2005) escreve: "O movimento é a atração visual mais intensa da atenção" (p. 366). O dinamismo presente na música e na dança se vê refletido na agitação da vela que queima o giz de cera e reaparece impresso no desenho.

A cor azul foi escolhida para o papel que atua como suporte da imagem, pois cores quentes (amarelo, rosa, laranja, vermelho) atuam contrastando sobre o fundo frio. Portal (1996) considera que o azul significa a verdade; sendo escuro quase preto, designa o primeiro grau de iniciação, o Deus regenerador. Quanto ao significado da casa, a cor oposta ao azul no círculo cromático é a cor laranja, cor quente, que pode tanto refletir o incêndio que a autora provocou, como também revelar o adultério que marcou o sofrimento dessa mulher.

Chevalier e Gheerbrant (2002) inferem que as nuvens mudam o simbolismo conforme as cores. As vermelhas, por exemplo, eram signos muito propícios; as amarelas, muito importantes para a tradição chinesa, que conta uma lenda na qual monges escapam de um incêndio sobre uma nuvem dessa cor. De modo geral, a nuvem simboliza transformação, e a policromia presente nesse desenho invoca prosperidade e renovação.

O cor-de-rosa presente no interior da casa, no céu e na terra é cor do coração, onde se alojam simbolicamente os sentimentos, as emoções. Essa cor suaviza aparentemente o contraste entre o fundo escuro e as cores luminosas. Entretanto, o número dois é símbolo de conflito, que pode indicar o frágil equilíbrio ou a ameaça à estabilidade. Duas flores podem significar instabilidade. As vermelhas são popularmente conhecidas como símbolo da paixão e encontram-se junto às figuras humanas amarelas. Uma figura é a autora e a outra nós não sabemos, mas existe a probabilidade de que seja o ex-marido. Segundo Portal (1996), "A cor do ouro, que simbolizava a união do homem com Deus, representará o adultério espiritual que encontra sua expressão última e seu emblema no adultério carnal" (p. 150).

O estado sombrio habitual que percebemos nessa usuária se transformou até o ponto de ela se sentir "no céu, nas nuvens", e possivelmente as diversas linguagens artísticas utilizadas colaboraram para esse fato. A música pode ter oferecido um refúgio temporário para aliviar a solidão; a dança favoreceu o discurso do corpo-mente, que, na mandala composta pelo grupo, atualizou a síntese espiritual de antigas celebrações; o desenho foi a expressão gráfica que permitiu contar a história pessoal, além de facilitar sua compreensão.

Considerações finais

É preciso levar em conta que essas mulheres vivenciam momentos progressivos e regressivos no processo das diferentes doenças mentais que as afligem, motivados muitas vezes pelas tensões familiares, e outras vezes pelos efeitos colaterais da medicação utilizada para evitar os sintomas psíquicos. Sem dúvida, a sociedade está ficando mais doente, e a medicina precisa buscar complementos para enfrentar os casos que não consegue resolver. Então, provavelmente, o ponto de transformação poderia estar numa educação das famílias para entender o sofrimento que as doenças mentais provocam nos seus membros, bem como numa ciência médica que pudesse olhar a pessoa em sua inteireza. Todavia, para isso, é necessário que haja políticas públicas cujo enfoque seja esse e que os cursos de formação nas áreas da saúde sejam mais enfáticos ao olhar para as pessoas, a fim de que a "humanização na saúde" possa sair do papel e acontecer efetivamente.

Neste trabalho desenvolvido no CAPS, tentamos minimizar as infinitas carências das participantes e, assim, realizamos uma intervenção em busca da qualidade de vida. Sabemos que nem a educação estética nem a arteterapia são a panaceia para resolver os problemas enfrentados cotidianamente nesse espaço, tanto pelos usuários como pela equipe técnica, que se desdobra para atender um número excessivo de pessoas; foi apenas uma contribuição que nos pareceu válida pelos depoimentos das mulheres que constituíram o grupo.

A significação desses quatro encontros, cujos temas foram os quatro elementos da matéria, as atividades com diferentes materiais, a música e a dança, na tentativa de atingir pessoas pertencentes a tipos psicológicos distintos, provocou uma melhor inter-relação das participantes; estabeleceu um vínculo de confiança conosco; propiciou a elas se sentirem mais cuidadas e queridas no espaço do ateliê; favoreceu a autoestima e a cooperação e, por último, permitiu-lhes se sentirem mais conectadas com a vida. Assim, os rostos marcados pelo abatimento esboçaram sorrisos.

Esperamos que, ao menos nesses encontros, a água tenha levado consigo algumas tristezas, a leveza do ar haja se manifestado em suas almas aflitas, a terra vela permaneça acesa na memória e nos seus corações, ajudando-as a manter a fé no Eu Superior e em si mesmas.

Referências bibliográficas

Arnheim, R. (2005). *Arte e percepção visual: uma psicologia da visão criadora*. São Paulo: Pioneira Thomson Learning.

Bair, D. (2006). *Jung: uma biografia*. São Paulo: Globo.

Barros, J. A. (2002, outubro). Pensando o processo saúde doença: a que responde o modelo biomédico? *Saúde e sociedade, 11*(1), 67-84. São Paulo. Recuperado em 1 de março de 2011, de http://apsp.org.br/saudesociedade/.

Bernardo, P. P. (2008). *A prática da arteterapia: correlações entre temas e recursos*. São Paulo: Patrícia Pinna Bernardo.

Chevalier, J., & Gheerbrant, A. (2002). *Dicionário de símbolos*. 17.ed. Rio de Janeiro: J. Olympio.

Durand, G. (2001). *As estruturas antropológicas do imaginário: introdução à arqueologia geral*. São Paulo: Martins Fontes.

Eliade, M. (1994). *Lo sagrado y lo profano*. Barcelona: Labor.

Jung, C. G. (2000). *Os arquétipos e o inconsciente*. Petrópolis: Vozes.

______. (2008). *Tipos psicológicos*. Petrópolis: Vozes.

Kandinsky, V. (2007). *Punto y línea sobre el plano*. Buenos Aires: Paidós.

Maffesoli, M. (1995). *A contemplação do mundo*. Porto Alegre: Artes e Ofícios.

Ormezzano, G. (2009). *Educação estética, imaginário e arteterapia*. Rio de Janeiro: Wak.

Platão. (1977). *Timeu*. Belém: Universidade Federal do Pará.

Portal, F. (1996). *El simbolismo de los colores: en la Antigüedad, la Edad Media y los tiempos modernos*. Palma de Mallorca: Sophia Perennis.

Schiller, J. (1997). Nos. XXII a XXIV de sobre a educação estética do homem em uma sequência de cartas. In: R. Duarte (Org.). *O belo autônomo: textos clássicos de estética* (pp. 123-134). Belo Horizonte: UFMG.

Siqueira-Batista, R, & Achramm, F. R. (2004, setembro/dezembro). Platão e a medicina. *História, Ciências, Saúde,* Manguinhos, 11(3), 619-634.

Recuperado em 1 de março de 2011, de http://www.scielo.br/pdf/hcsm/v11n3/04.pdf

Zimmermann, E. B. (1992). *Integração de processos interiores no desenvolvimento da personalidade.* Dissertação de Mestrado em Psicologia Clínica, Faculdade de Ciências Médicas, Universidade Estadual de Campinas.

Sobre os autores

Evilázio Francisco Borges Teixeira (Org.): Vice-Reitor da PUCRS. Professor de Teologia e Filosofia; Mestre e Doutor em Teologia Sistemática pela Pontifícia Universidade Gregoriana (Roma); Mestre em Filosofia pela Pontifícia Universidade Católica do Rio Grande do Sul (PUCRS); Doutor em Filosofia pela Pontifícia Universidade Santo Tomás D'Aquino – Angelicum (Roma); MBA em Gestão Universitária, através do IGLU – Instituto de Gestão e Liderança Universitária, com estágio na Universidade de Otawa – Canadá; Foi Diretor do Centro de Pastoral da PUCRS; Autor dos Livros - O gemido de Jô, gemido do povo, Paulinas (1997); Imago trinitatis: Deus, sabedoria e felicidade – Porto Alegre, Edipucrs (2003); A Educação do Homem Segundo Platão, Paulus (2004) – 3ª edição; A Fragilidade da Razão, Edipucrs (2005); Aventura Pós-Moderna e sua Sombra, Paulus, (2005); Organizador do Encontro Gaúcho de Espiritualidade e Qualidade de Vida; Organizador do Livro: Espiritualidade e Qualidade de Vida, EDIPUCRS (2005); Autor de Artigos Publicados em Revistas Científicas Nacionais e Internacionais.

Marisa Campio Müller (Org.): Psicóloga pela Pontifícia Universidade Católica do Rio Grande do Sul; Mestre em Educação pela PUCRS; Doutora em Psicologia Clínica: Núcleo de Psicossomática e Psicologia Hospitalar pela PUCSP. Coordenou Curso de Especialização à Distância em Psicooncologia PUCRS Virtual; Professora Aposentada pela PUCRS. Fundadora da Sociedade Brasileira de Psicooncologia-Regional Sul; Presidente da Associação Brasileira de Medicina Psicossomática-Regional Sul; Trabalha nas áreas da psicologia da saúde: psicodermatologia, psicossomática, psiconeuroimunologia, psicooncologia, bioética e espiritualidade; Foi Coordenadora do Curso de Especialização em Psicossomática pela Associação Brasileira de Medicina Psicossomática/RS- em convênio com a UNISINOS; Sócia fundadora do Instituto Brasileiro de Psicologia da Saúde; Psicoterapeuta; Autora do livro: Psicossomática - uma visão simbólica do Vitiligo, Vetor Editora (2005); Organizadora do Encontro Gaúcho de Espiritualidade e Qualidade de Vida; Organizadora dos Livros: Espiritualidade e Qualidade de Vida, EDIPUCRS (2005); Psicooncologia e Interdisciplinaridade: uma experiência na Educação a Distância EDIPUCRS (2004),(Autora de Artigos Publicados em Revistas Científicas Nacionais e Internacionais; Autora de Capítulos de Vários Livros de Publicação Nacional. E-mail: marisacampiomuller@gmail.com

Conceição Maria Tereza Martins de Lemos: Graduação em Filosofia e Psicologia pela Pontifícia Universidade Católica do Rio Grande do Sul, Especialização em Psicologia Escolar – PUCRS, Mestre em Ciências da Saúde (Cardiologia) – Fundação Universitária de Cardiologia – IC-FUC-POA, Doutora em Ciências da Saúde (IC-FUC-POA), Psicoterapeuta, Coordenação de grupos em Psicologia e Espiritualidade, Sócia fundadora do Instituto Brasileiro de Psicocardiologia – Coordenadora dos Cursos de Extensão e Especialização.

Franciele Silvestre Gallina: Licenciada em Educação Artística: Habilitação em Artes Plásticas e Mestranda em Educação na Universidade de Passo Fundo com bolsa CAPES.

Graciela René Ormezzano: Professora de Escultura pela Escuela Nacional de Bellas Artes Prilidiano Pueyrredón, Buenos Aires, Argentina; Licenciada em Educação Artística: Habilitação em Artes Plásticas pela Universidade Federal do Rio Grande do Sul; Especialista em Arteterapia em Educação e Saúde pela Universidade Candido Mendes, RJ; Mestre e

Doutora em Educação pela Pontifícia Universidade Católica do Rio Grande do Sul. Pós-doutorado na Universidad Complutense de Madrid. Docente e pesquisadora do Curso de Artes Visuais e do Programa de Pós-Graduação *Stricto Sensu* em Educação, Coordenadora do Curso de Especialização em Arteterapia da Universidade de Passo Fundo; Tem realizado várias pesquisas na área da arteterapia, integrando com a espiritualidade; Autora de Artigos Publicados em Revistas Científicas Nacionais.

João Bernardes da Rocha Filho: Doutor em Engenharia, na área de Metrologia e Instrumentação, Mestre em Educação, Especialista em Metodologia do Ensino Superior, Especialista em Psicossomática, Licenciado em Física, Bacharelando em Filosofia, Técnico em Eletrônica, Técnico em Análises Clínicas. Professor titular da Faculdade de Física da Pontifícia Universidade Católica do Rio Grande do Sul, atua na formação de graduação e pós-graduação de professores de Física. Atuou em estudos interdisciplinares e cursos de pós-graduação envolvendo a saúde física e psíquica junto à Sociedade Brasileira de Psicooncologia Regional Sul e Associação Brasileira de Medicina Psicossomática Regional Sul, nas áreas de Física e Psicologia, Psicooncologia, Transdisciplinaridade e Psicossomática. Vice-líder do Grupo de Pesquisa em Ensino de Física GPEF, é professor credenciado do Programa de Pós-Graduação em Educação em Ciências e Matemática EDUCEM; Autor do Livro – Física e Psicologia, EDIPUCRS (2003), 5ª edição; Autor de Artigos Publicados em Revistas Científicas Nacionais.

Julio Fernando Prieto Peres: Psicólogo clínico, doutor em Neurociências e Comportamento pelo Instituto de Psicologia da Universidade de São Paulo e pós-doutorado pelo Center for Spirituality and the Mind, University of Pennsylvania, EUA e pela Radiologia Clínica/Diagnóstico de Imagem na UNIFESP. Autor dos estudos Brasileiros que investigaram os efeitos neurobiológicos da psicoterapia através da neuroimagem funcional (Psychological Medicine 2007 e Journal of Psychiatric Research 2011). Autor de artigos científicos publicados sobre trauma psicológico, psicoterapia, resiliência, espiritualidade e superação. Pesquisador do Programa de Saúde,

Espiritualidade e Religiosidade (PROSER) do Instituto de Psiquiatria da Universidade de São Paulo. Autor do livro "Trauma e Superação: o que a Psicologia, a Neurociência e a Espiritualidade ensinam" editora ROCA.

Leda Lísia Franciosi Portal: Graduação em Letras pela Pontifícia Universidade Católica do Rio Grande do Sul; Mestre e Doutora em Educação pela PUCRS; Professora Adjunta da PUCRS; Coordenadora do Grupo de Pesquisa Educação para a Inteireza: um (re)descobrir-se (PUCRS), com foco no Ser Professor, enfatizando as temáticas: espiritualidade, inteireza, inteligência espiritual e educação continuada, com várias publicações na área; Membro de Corpo Editorial da Revista Liberato (Novo Hamburgo); Membro de Corpo Editorial da Competência - Revista da Educação Superior Senac-RS; Autora de Artigos Publicados em Revistas Científicas Nacionais e de Capítulos de livros.

Leonardo Machado da Silva: Psicólogo pela Pontifícia Universidade Católica do Rio Grande do Sul; Psicoterapeuta; Professor da PUCRS; Mestre em Psicologia da Saúde – Bath University, Inglaterra; Doutorando em Psicologia Clínica (PUCRS); Membro fundador do Instituto Brasileiro de Psicologia da Saúde (IBPS); Autor de Artigos Publicados em Revistas Científicas Nacionais.

Martha Wallig Brusius Ludwig: Psicóloga pela Pontifícia Universidade Católica do Rio Grande do Sul; Psicoterapeuta; Professora da ULBRA; Doutoranda em Psicologia Clínica (PUCRS); Membro fundador do Instituto Brasileiro de Psicologia da Saúde (IBPS); Autora de Artigos Publicados em Revistas Científicas Nacionais; Autora de Capítulos de Vários Livros de Publicação Nacional.**Rosa Cecília Pietrobon:** Psicóloga pela Pontifícia Universidade Católica do Rio Grande do Sul. Especialização em psicologia institucional. Mestre em Ciências da Saúde pelo Instituto de Cardiologia do RS - Fundação Universitária de Cardiologia. Participou da criação do serviço de psicologia do hospital Sanitário Partenon, Tutora em Tuberculose pela Escola Nacional de Saúde Pública Sergio Arouca (RJ), Tutora e preceptora da Residência Integrada em Saúde Pública da ESP (RIS), Supervisora do Estágio de Psicologia Institucional. Sócia fundadora, coordenadora e professora do Instituto Brasileiro de PsicoCardiologia, Psicoterapeuta. Atua principalmente nos seguintes temas: psicologia, saúde, espiritualidade, psicocardiologia, grupos, ensino, pesquisa. Doutoranda em Ciências da Saúde (Cardiologia) – IC-FUC-POA.

Tatiana Helena José Facchin: Psicóloga pela Pontifícia Universidade Católica do Rio Grande do Sul; Psicoterapeuta; Especialista em Psicossomática (Unisinos); Mestre em Psicologia Clínica (PUCRS); Membro fundador do Instituto Brasileiro de Psicologia da Saúde (IBPS) – Professora de Cursos de Extensão e Especialização. Autora de Artigos Publicados em Revistas Científicas Nacionais.

Descrição sucinta do conteúdo, de cada capítulo, bem como da qualificação do autor para tratar da temática desta obra:

Cap. 1 - Espiritualidade e técnica: as coisas que estão por detrás das coisas: O presente artigo propõe uma reflexão sobre técnica e espiritualidade. Comumente diz-se que vivemos na idade da técnica, e a essa geração, não raro, denominamos de geração tecnológica. A condição moderna do sujeito considerava a história como a história do progresso, isto é, a história da progressiva objetivação do mundo. O escopo do sujeito moderno era tornar tudo objeto, e, portanto, tudo controlado. Tudo quer dizer qualquer realidade, seja ela material, seja psíquica, pela qual a ciência era finalizada à técnica. Num mundo, porém, sempre mais tecnizado, também o homem se torna sob o domínio da técnica. Se ao menos na intenção a técnica deveria representar a consagração do homem como sujeito, na realidade o que se vê é a agonia do próprio sujeito. O mundo moderno parece representar o círculo vicioso do qual não somos capazes de sair. Esta é a cruz da nossa situação. Talvez a primeira coisa a fazer seja recuperar nossas melhores e mais profundas energias espirituais, para compreender essa situação e suportá-la. Auguro que o caráter despretensioso deste artigo contribua para a discussão de um fato tão sensível aos nossos contemporâneos: aquele de serem homens e mulheres inseridos no mundo da técnica; e também a premência de serem imbuídos de Deus e de vida espiritual.Auguro que o caráter despretensioso deste artigo contribua para a discussão de um fato tão sensível aos nossos contemporâneos: aquele de serem homens e mulheres inseridos no mundo da técnica; e também a premência de serem imbuídos de Deus e de vida espiritual. – *O autor foi um dos organizadores do Encontro Gaúcho Espiritualidade e Qualidade de Vida, bem como organizador do livro "Espiritualidade e Qualidade de Vida". Além disso, possui outras publicações nesta área.*

Cap. 2 - Psicologia positiva, espiritualidade e saúde: repercussões na vida contemporânea: O presente capítulo relata a aproximação entre espiritualidade e psicologia, especialmente por intermédio da psicologia positiva, cujo um dos enfoques é o aspecto transcendente, isto é, a espiritualidade. A espiritualidade é definida como a busca de sentido da vida, preocupando-se com o desenvolvimento interno do ser humano, sem, necessariamente estar vinculada a crenças religiosas. Assim, a espiritualidade é vista como fator protetivo à saúde, bem como propiciador de qualidade de vida. A partir das proposições de autores como Carl Gustav Jung e Viktor Frankl, propõe-se a aplicação da espiritualidade na atuação clínica de forma prática. Além disso, pesquisas atuais em espiritualidade e saúde são apresentadas, evidenciando ainda mais a importância daquela para o bem-estar do indivíduo. – *Todos os autores fizeram parte do Grupo de Pesquisa "Psicologia da Saúde", do Programa de Pós-Graduação em Psicologia da PUCRS, sendo o tema espiritualidade uma das vertentes de pesquisa desde o ano de 2001. Além disso, esse mesmo grupo foi o organizador do Encontro Gaúcho Espiritualidade e Qualidade de Vida, e a autora Marisa C. Müller também é organizadora do presente livro.*

Cap. 3 - Uma visão da espiritualidade na psicocardiologia: O capítulo busca percorrer um caminho através dos conteúdos da espiritualidade e da psicocardiologia, sobre a ótica da psicologia da saúde que investiga e trata os fatores de riscos psicológicos que favorecem o surgimento e o desenvolvimento da enfermidade cardiovascular. A pesquisa psicológica tem demonstrado que a espiritualidade pode promover efeitos positivos na saúde do paciente com enfermidade coronariana. No entanto poucos trabalhos existem sobre a espiritualidade no que tange a psicocardiologia, havendo uma ênfase na religiosidade. Pensamos que ainda necessitam ser realizados estudos para esclarecer os caminhos da espiritualidade e sua relação com a enfermidade coronariana. – *As autoras vêm trabalhando há anos em grupos de estudo e pesquisa sobre o tema espiritualidade. Têm introduzido o tema espiritualidade na área da cardiologia, algo inédito no Rio Grande do Sul.*

Cap. 4 - Como o trauma, a psicoterapia e a espiritualidade convergem: As religiões advogam em geral o perdão e a absolvição, frequentemente úteis em resolução de conflitos. No presente capítulo observamos que vários estudos internacionais contemplaram o tema espiritualidade e psicoterapia demonstrando pertinência dessa interface com bons resultados terapêuticos. O Brasil possui um potencial religioso sincrético expressivo e alta prevalência de praticantes de religiosidade/espiritualidade – apenas 7,3% não tem religião (IBGE Censos Demográficos 2000). Faz-se necessário o reconhecimento por parte dos profissionais de que a espiritualidade é um componente importante da personalidade e da saúde; esclarecer os conceitos de religiosidade e espiritualidade junto aos profissionais; incluir a espiritualidade como recurso de saúde na formação dos novos profissionais; adaptar e validar escalas de espiritualidade/religiosidade à realidade brasileira e treinamento específico para a área clínica. De maneira similar à exploração de toda a dimensão pessoal da experiência humana, a integração das dimensões espirituais e religiosas dos pacientes em seus tratamentos requer profissionalismo ético, alta qualidade de conhecimento e habilidades para alinhar as informações coletadas sobre as crenças e valores à eficácia terapêutica. A partir da revisão e discussão dos artigos sobre o tema, constatamos que a convergência coerente entre o trauma, a psicoterapia e a espiritualidade é frutífera e deve continuar para minimização do sofrimento e propagação do bem-estar das vítimas de traumas psicológicos que buscam auxílio na psicoterapia. – *Como exposto no currículo, o autor possui Pós-Doutorado em Espiritualidade e a Mente pelo Center for Spirituality and* *the Mind, University of Pennsylvania, EUA. É pesquisador do Programa de Saúde, Espiritualidade e Religiosidade (PROSER) do Instituto de Psiquiatria da Universidade de São Paulo (USP), com vários artigos publicados.*

Cap. 5 - Metanálises sobre espiritualidade e saúde: a física nos processos de cura: Saúde e espiritualidade têm sido estudadas com o objetivo de identificar relações desta com a atividade imunológica ou o índice de mortalidade. Metanálises de bases amplas e recentes confirmam que a prática religiosa regular é um fator preditivo para índices entre 25% e 30% mais baixos de adoecimento e mortalidade, e que os picos de pressão arterial devidos à ação de agentes estressantes é 40% mais baixa nos adultos espiritualizados do que nos não espiritualizados. Pesquisas de prece intercessória também tendem a gerar resultados positivos, embora não tão grandes quanto os da espiritualidade intrínseca. Mas quais mecanismos estão em ação nestes dois tipos de casos? Este é o tema que é desenvolvido neste capítulo, que se utiliza de analogias com fenômenos físicos para a argumentação. – *O autor tem se dedicado ao tema física e espiritualidade já há vários anos, sendo autor de vários artigos sobre o tema.*

Cap. 6 - Espiritualidade: fonte de saúde na perspectiva de uma educação para a inteireza: Este artigo inicia pontuando elucidações iniciais da autora sobre as variáveis neste livro abordadas: Espiritualidade e Saúde, para após discutir as relações possíveis e indissociáveis entre elas estabelecidas, enfatizando a Espiritualidade como caminho fundante essencial para a busca e manifestação da Saúde, na perspectiva de uma Educação para a Inteireza. Disponibiliza aos leitores algumas revelações de investigações que vem realizando junto ao grupo de pesquisa: Educação para a Inteireza: um (re) descobrir-se por ela coordenado, como provocações em aberto para iluminar a produção de novos estudos. – *A autora centra seu trabalho no Pós-Graduação da Faculdade de Educação da PUCRS no tema espiritualidade, tendo orientado diversas dissertações de mestrado e teses de doutorado.*

Cap. 7 - A sacralidade da natureza: educação, estética e arteterapia com um grupo de mulheres: Este capítulo aborda a relação entre os quatro elementos da matéria e as quatro funções básicas da consciência. Trata da significação dos encontros realizados com mulheres usuárias do CAPS que possuíam diversos tipos de sofrimento psíquico em atividades educativas estéticas e arteterapêuticas, relacionando os elementos (terra, água, fogo, ar) com diferentes materiais, na tentativa de contribuir para o equilíbrio psíquico destas pessoas. Organizamos a intervenção com um trabalho de grupo focado em atividades que incluíam a música, a dança, a colagem, o desenho, a modelagem em argila e a pintura. Para compreender o significado dos encontros foi realizada uma leitura simbólica das imagens produzidas pelas participantes na qual observamos a relação saúde-doença perpassada por questões de cunho afetivo, sociocultural, natural e espiritual. – *A autora Graciela Omezzano vem desenvolvendo há anos pesquisas na área da arteterapia com foco na espiritualidade.*

Impresso por :

Graphium
gráfica e editora

Tel.:11 2769-9056